Krishnamurti

Das ABC von Glück und Weisheit

Jiddu Krishnamurti

Das ABC von Glück und Weisheit

Zusammengestellt und herausgegeben von Susunaga Weeraperuma

Aus dem Englischen von Manfred Miethe

Lotos

Die Originalausgabe erschien 1986 unter dem Titel »Sayings of J. Krishnamurti« im Verlag Motilal Banarsidass, New Delhi, Indien.
Deutsche Veröffentlichung mit Genehmigung von Motilal Banarsidass Publishers Pvt. Ltd. (New Delhi)

1. Auflage 2004

Lotos Verlag
Lotos ist ein Verlag der
Verlagsgruppe Random House GmbH

ISBN 3-7787-8169-3

Einbandgestaltung: Reinert Werbedesign, München
© des Titelfotos: Krishnamurti Foundation Trust Ltd.®; Fotograf: Mark Edwards
Gesetzt aus der Stone Serif bei Wilhelm Heyne Verlag, München
Druck und Bindung: GGP Media GmbH, Pößneck

Für Krishnaji

Dieses Buch ist unserem geliebten Krishnaji gewidmet, der am 17. Februar 1986 in Pine Cottage, Ojai, Kalifornien, von uns ging.
Auch wenn er körperlich nicht mehr unter uns weilt, so werden doch seine unsterblichen Lehren für alle Zeiten in Ehren gehalten werden.

Dein Leben ist ein Tod,
Tod eine Wiedergeburt.
Glücklich ist der Mensch, der sich über die Fesseln
dieser Begrenzungen erhebt.

– Krishnamurti
Das Lied des Lebens

INHALT

Vorwort

Im Mai 1985 lud mich Sri Jiddu Krishnamurti freundlicherweise zum Mittagessen nach Arya Vihar, seinem Heim im kalifornischen Ojai, ein. Es waren für mich auch deshalb unvergessliche Augenblicke, weil dieser Besuch nur ein paar Tage nach seinem neunzigsten Geburtstag stattfand. Nach einem köstlichen vegetarischen Mahl erzählte ich Krishnaji, dass ich plante, eine Anthologie seiner Lehren herauszugeben. Er fragte mich, ob das Buch der *Ewigen Philosophie* seines verstorbenen Freundes Aldous Huxley ähneln würde. Ich antwortete, dass es in mancher Beziehung ähnlich sein würde, dass ich aber vorhatte, kürzere Abschnitte und auch kurze Sätze auszuwählen. Dieses Buch enthält eine Sammlung seiner Aussprüche bis zum Jahr 1968. *Das ABC von Glück und Weisheit* gleicht einer prächtigen Girlande aus vielen duftenden Blumen. Es enthält Zitate zu einer breiten Palette an spirituellen und philosophischen Themen. Ich habe mich nach Kräften bemüht, in diesem Band den Kern der Lehre eines der größten Lehrer aller Zeiten zu präsentieren.

Nach jedem Zitat ist die Quelle angegeben, damit interessierte Leser nicht nur die Echtheit der Zitate leichter überprüfen, sondern jeden Ausspruch auch in seinem jeweiligen Zusammenhang nachlesen können.

Ich hoffe, dass alle, die dieses Buch in die Hand nehmen, dazu angeregt werden, Krishnamurtis Werke, von denen es glücklicherweise sehr viele gibt, zu lesen und zu studieren. Wer seine Bücher liest, wird entdecken, dass diese nicht nur sensibilisieren, sondern auch Türen zu einer neuen Welt und einem neuen Verständnis des Lebens öffnen werden.

Ich habe Zitate, die vor 1927 entstanden sind, nicht in diese Sammlung mit aufgenommen, weil sie nicht immer mit Krishnamurtis späteren Lehren übereinstimmen. Um dies zu verdeutlichen, erscheint es mir notwendig, das Folgende zu erklären.

Indem er die Hülle des Selbst durchbrach und das einschränkende psychologische Ich hinter sich ließ, hatte Krishnamurti endlich die Freiheit erlangt, die seit undenklichen Zeiten das Ziel der spirituellen Suche der Menschheit gewesen ist. In einer am 2. August 1927 in Eerde übermittelten Botschaft sagte er: »Ich hätte letztes Jahr noch nicht sagen können, dass ich der Lehrer bin, so wie ich es heute kann. Hätte ich es gesagt, wäre es unehrlich gewesen, denn es hätte nicht der Wahrheit entsprochen. Aber heute kann ich es sagen. Ich bin eins mit dem Geliebten geworden. Ich bin einfach gemacht worden. Ich bin durch Ihn verklärt worden und durch Ihn kann ich helfen. Es ist nicht meine Absicht, Diskussionen über Autorität auszulösen, über gewisse Manifestationen in der Persönlichkeit Krishnamurtis, sondern euch die Wasser zuteil werden zu lassen, die eure Sorgen, eure kleinlichen Streitereien und eure Begrenzungen hinwegwaschen werden, damit ihr frei sein könnt, damit ihr endlich in dem Ozean aufgehen könnt, in dem es keine Begrenzungen gibt, in dem der Geliebte existiert.«

An dieses Datum sollte man sich erinnern, da es einen wichtigen Wendepunkt in Krishnamurtis Leben darstellt. Alle seine Schriften können in gewissem Sinne in zwei Kategorien unterteilt werden: zum einen in die aus den Jahren seiner Vorbereitung und Suche und zum anderen in die aus den Jahren nach seiner spirituellen Erleuchtung.

Susunaga Weeraperuma

Alleinsein

In Momenten vollkommenen Alleinseins, das sich nur dann einstellen kann, wenn alle Fluchtmöglichkeiten und deren eigentliche Bedeutung wahrhaft erkannt worden sind, tritt das Glück des Augenblicks zutage.

New York City, 1935, Seite 32

Wer beeinflusst werden kann, ist getrennt. Er weiß um die Trennung von Oben und Unten, von Wert und Unwert. Alleinsein im Sinne von Freiheit von Beeinflussung trennt nicht und erschafft keine Gegensätze. Alleinsein ist ein Zustand, über den nicht spekuliert werden kann, sondern der erfahren werden muss.

Ojai, 1945 – 1946, Seite 108

Sehr wenige von uns sind wirklich allein. Wir wollen nicht allein sein. Es ist äußerst wichtig zu verstehen, dass Alleinsein nicht Isolation bedeutet. Zweifellos gibt es einen Unterschied zwischen Alleinsein und Isolation. Unter Isolation versteht man das Gefühl, abgekapselt zu sein, keine Beziehungen zu haben, von allem abgeschnitten zu sein. Im völligen Gegensatz dazu zeichnet sich Alleinsein dadurch aus, dass man außerordentlich offen und verletzlich ist.

Ceylon, 1949 – 1950, Seite 30

Alleinsein ist nicht gleich Isolation. Es ist auch nicht das Gegenteil von Einsamkeit. Alleinsein ist ein Seinszustand, in dem keine Erfahrungen und kein Wissen mehr existieren.

Ceylon, 1949 – 1950, Seite 42

Nur zu dem, der allein ist, kann das kommen, was ohne Ursache ist. Nur für den, der allein ist, existiert Glückseligkeit.

Kommentare über das Leben 1, Seite 158

Es muss vollkommene Freiheit herrschen, was bedeutet, dass der Geist fähig sein muss, vollkommen allein dazustehen.

Europa, 1956, Seite 107

Das Alleinsein, von dem ich spreche, ist rein und durch nichts zu verfälschen. Es ist frei von allen Traditionen, allen Dogmen und Meinungen; es ist frei von allem, was andere gesagt haben. Wenn der Geist in diesem Zustand des Alleinseins verweilt, ist er still, wirklich still, und braucht nichts. Ein solcher Geist ist fähig, die Wahrheit zu erkennen.

Europa, 1956, Seite 107

Den Weg des Lebens und des Todes musst du allein gehen. Auf diesem Weg kann es den Trost des Wissens, der Erfahrung und der Erinnerung nicht geben. Der Geist muss von allen Dingen gereinigt werden, die er sich in seinem Sehnen nach Sicherheit angeeignet hat. All seine Götter und Tugenden müssen der Gesellschaft zurückgegeben werden, die sie hervorgebracht hat.
Es muss vollkommenes, unbeflecktes Alleinsein herrschen.

Kommentare über das Leben 3, Seite 64

Angst

Dein Verlangen nach Sicherheit erzeugt Angst, und es ist diese Angst, die sich der Unterdrückung durch Autoritäten beugt. Die Angst sagt dir nicht, wie du denken sollst, sondern was du denken sollst. Nur wenn du frei von Angst bist, kannst du die Wirklichkeit entdecken.

Ojai, 1945 – 1946, Seite 58

Angst kann nur in Beziehung zu etwas anderem existieren. Sie existiert nicht isoliert für sich. Wie kann ich Angst vor dem Tod haben? Wie kann ich Angst vor etwas haben, das ich nicht kenne? Ich kann nur vor dem Angst haben, was ich kenne. Wenn ich sage, ich habe Angst vor dem Tod, fürchte ich mich dann wirklich vor dem Unbekannten, dem Tod, oder habe ich Angst, das zu verlieren, was ich kenne? Ich fürchte mich nicht vor dem Tod, ich fürchte mich davor, meine Verbindung zu dem zu verlieren, was zu mir gehört. Meine Angst steht immer in Beziehung zu dem mir Bekannten, aber nicht zu dem mir Unbekannten.

Ceylon, 1949 – 1950, Seite 38

Angst pervertiert die Intelligenz und ist eine der Triebkräfte selbstbezogener Handlungen.

Erziehung und die Bedeutung des Lebens, Seite 34

Furchtlosigkeit erzeugt Unabhängigkeit ohne Rücksichtslosigkeit, ohne Verachtung für den anderen, und das ist der wichtigste Faktor im Leben.

Erziehung und die Bedeutung des Lebens, Seite 46

Angst trübt den Geist und das Herz, sodass wir die Bedeutung des Lebens nicht mehr wahrnehmen können. Wir werden unserem eigenen Leid, dem Flug der Vögel, dem Lachen und dem Elend der anderen gegenüber unempfindlich. Bewusste und unbewusste Ängste haben viele unterschiedliche Ursachen und wir brauchen Wachsamkeit und eine scharfe Beobachtungsgabe, um sie alle loszuwerden. Angst kann nicht durch Disziplin, Sublimierung oder irgendeine andere Willensanstrengung beseitigt werden, ihre Ursachen müssen herausgefunden und verstanden werden. Dazu sind Geduld und Bewusstheit nötig, auf jedwede Form von Beurteilung muss verzichtet werden.

Erziehung und die Bedeutung des Lebens, Seite 57

Dadurch dass wir vor dem davonlaufen, was ist, entsteht Angst.

Europa, 1956, Seite 53

Nur ein Geist, der innerlich frei ist, kann das Glück der Wirklichkeit erleben. Der Geist kann aber nur dann frei von Angst sein, wenn er von nichts abhängig ist.

Europa, 1956, Seite 92

Der Geist hat immer Angst davor, dass es mit ihm einmal vorbei ist.

Kommentare über das Leben 2, Seite 22

Du hast Angst vor dem inneren Alleinsein, diesem Gefühl der Leere, das sich möglicherweise einstellen wird, wenn der Geist sich an nichts mehr klammern kann. Folglich klammerst du dich an eine Ideologie oder einen Glauben, wodurch aber verhindert wird, dass du verstehst, was ist.

Kommentare über das Leben 3, Seite 281

Angst ist ein Produkt des Denkens. Angst in jeder Form ist Denken in Beziehung zu Vergangenheit, Gegenwart und Zukunft. Ich habe Angst vor dem, was geschehen wird, und ich habe Angst vor etwas, das ich in der Vergangenheit getan habe und nun verheimlichen möchte. Denken und Angst gehören also zur Bewegung der Zeit. Es ist sehr wichtig, dass wir diese Bewegung der Zeit verstehen, die untrennbar mit dem Prozess des Denkens zusammenhängt, wenn wir frei von Angst sein wollen.

USA, 1966, Seite 75

Anstrengung und Bemühen

Die Erleuchtung, das Verstehen der Wirklichkeit, kann niemals durch die Ausdehnung des Selbst erlangt werden, niemals dadurch, dass sich das Ich anstrengt zu wachsen, zu werden, etwas zu erreichen. Und ohne den Willen des Ich gibt es keine Anstrengung und kein Bemühen.

Ojai, 1945 – 1946, Seite 87

Jede Anstrengung, jedes Bemühen unsererseits entsteht aus dem Wunsch nach Ausdehnung des Selbst. Nur wenn unangestrengtes Bewusstsein vorhanden ist, kann es Entdeckung und Verstehen geben, nur dann kann die Wahrheit erkannt werden.

Ojai, 1945 – 1946, Seite 93

Die Wahrheit macht frei, nicht dein Bemühen, frei zu werden.

Ojai, 1945 – 1946, Seite 102

Anstrengung macht Verstehen unmöglich. Nur ein ruhiger Geist, ein einfacher Geist, ein Geist, der still und nicht von seinem eigenen Bemühen erschöpft ist, kann verstehen und die Wahrheit erkennen.

Ceylon, 1949 – 1950, Seite 99

Nur wenn jedes Bemühen aufhört, besitzt du unerschöpfliche innere Energie, dank derer dein Geist kristallklar bleibt und mit der jedes menschliche Problem gelöst werden kann.

Indien, 1966, Seite 111

Aufmerksamkeit

Wir müssen unsere ganze Aufmerksamkeit darauf richten, das Leiden zu verstehen. Das können wir aber nicht, wenn wir vor dem Leiden davonlaufen oder wenn unser Geist damit beschäftigt ist, nach den Ursachen des Leidens zu suchen. Es muss volle Aufmerksamkeit vorhanden sein und nicht nur halbherziges Interesse.

Kommentare über das Leben 3, Seite 11

Du kannst dir nicht antrainieren, aufmerksam zu sein. Aber du kannst dir gewahr sein, wenn du unaufmerksam bist. Und wenn du dir gewahr bist, dass du unaufmerksam bist, dann bist du aufmerksam.

Indien, 1966, Seite 54

Wenn vollkommene Aufmerksamkeit herrscht, dann gibt es keinen Beobachter mehr.

USA, 1966, Seite 92

Aufmerksamkeit ist nichts Mechanisches. Du musst vollkommen bei dem sein, was du tust. Wenn du mit deinem ganzen Wesen den Sonnenuntergang beobachtest – ohne jedes Gefühl, ohne jede Empfindung, ohne jede Forderung –, dann wirken dein Geist, dein Gehirn, dein Körper, deine Nerven in vollkommener Eintracht. Dieser Zustand ist Aufmerksamkeit.
Er kann unmöglich Tag für Tag geübt werden, indem man den Sonnenuntergang jeden Tag um dieselbe Zeit anschaut und sagt: »Ich muss meine Gefühle, meine Empfindungen beiseite schieben, ich muss mich konzentrieren.« So wird Aufmerksamkeit niemals geschehen.

Indien, 1966, Seite 36

Wenn Selbsterkenntnis existiert, wenn du tief in die ganze Struktur deiner selbst, in dein eigenes Wesen eintauchst, dann wird Aufmerksamkeit zu etwas völlig Natürlichem. In der Aufmerksamkeit liegt große Schönheit.

USA, 1966, Seite 26

Autorität

Die Autorität eines anderen macht dich blind. Das Höchste kann nur in völliger Freiheit gefunden werden.

Ojai, 1945 – 1946, Seite 60

Wenn wir manchmal die Symbole äußerer Autorität nicht akzeptieren und ihnen nicht gehorchen, dann erschaffen wir uns unsere eigene, innere Autorität: die leise Stimme unseres Selbst.

Ojai, 1945 – 1946, Seite 65

Hüte dich vor jenen, die behaupten, sie seien wissend.

Ojai, 1945 – 1946, Seite 65

Du musst selbst und unmittelbar deine eigene Wahrheit erkennen. Du kannst sie nicht durch einen anderen erkennen, ganz gleich, wie großartig er auch sein möge. Es gibt keine Autorität, die dir deine Wahrheit enthüllen kann.

Ojai, 1945 – 1946, Seite 85

Autorität ist böse. Autorität zerstört, Autorität pervertiert, Autorität korrumpiert. Ein Mensch, der einer Autorität folgt, zerstört sich selbst. Er zerstört aber auch den, den er zur Autorität erhoben hat. Der Jünger zerstört den Meister ebenso wie der Meister den Jünger zerstört.

Benares, 1949, Seite 37

Du selbst musst dir Meister und Schüler zugleich sein. In dem Augenblick, in dem du einen anderen als deinen Meister und dich selbst als Schüler anerkennst, leugnest du die Wahrheit. Es gibt auf der Suche nach Wahrheit weder Meister noch Schüler.

Benares, 1949, Seite 37

Wenn du sehr klar bist, wenn du dir selbst ein Licht bist, dann wirst du niemals jemandem folgen.

Benares, 1949, Seite 38

Wer weise ist, übt keine Autorität aus. Und die, die Autorität ausüben, sind nicht weise.

Erziehung und die Bedeutung des Lebens, Seite 58

Mit Gewissheit ist nur ein Geist, der vollkommen frei von jeder bewussten und unbewussten Autorität ist, in der Lage herauszufinden, ob es eine Wirklichkeit jenseits des Vorstellbaren gibt.

Europa, 1956, Seite 4

Wenn der Geist vollkommen klar ist, dann braucht er keine Autorität. Aber wenn er unsicher und verwirrt ist, wenn er leidet und aufgewühlt ist, dann sucht er Hilfe bei anderen. Aber kann ein anderer wirklich helfen? Oder gibt es grundsätzlich keine Hilfe, weil das Elend, der Aufruhr und die Verwirrung nur von dir selbst verursacht wurden und daher auch nur von dir selbst beseitigt werden können? Ohne Zweifel kann das, was ein anderer an Hilfestellung zu leisten vermag, nur vorübergehende Linderung bringen.

Europa, 1956, Seite 37

Du musst dir selbst Lehrer und Schüler sein. Das erfordert Kraft, Aufmerksamkeit und Wachsamkeit. Aber da wir Menschen faul sind, ist es für uns viel leichter, wenn wir gesagt bekommen, was wir tun sollen. Du erklärst den Menschen zu einer Autorität, der dir sagt, was du tun sollst, und wirst dadurch sein Sklave. So kannst du niemals frei, dir selbst niemals ein Licht sein. Du erschaffst den Ausbeuter und wirst so zum Ausgebeuteten.

Europa, 1956, Seite 49

Ich werde keine Autorität sein, die dir sagt, was du zu tun hast, denn ich glaube nicht an Autorität in spirituellen Dingen. Alle Autorität ist böse. Es kann keine Autorität geben, wenn wir herausfinden wollen, was Gott ist, was Wahrheit ist und ob es jenseits des Vorstellungsvermögens des Geistes irgendetwas gibt.

Europa, 1956, Seite 69

Zwar mögen wir die Autorität eines anderen zurückweisen, aber unglücklicherweise haben wir immer noch die Autorität unserer eigenen Erfahrung, unseres eigenen Wissens, unseres eigenen Denkens. Diese werden dann zum Muster, nach dem wir unser Leben ausrichten. Aber das unterscheidet sich grundsätzlich nicht von der Autorität eines anderen.

Europa, 1956, Seite 99

Wir sind von Autorität abhängig, weil wir unter anderem Angst davor haben, keine Erlösung zu erlangen. Aber ein Geist, der abhängig ist, kann das Unermessliche nicht erkennen, das, was jenseits aller Kirchenlehren, aller Dogmen und Glaubenssätze existiert.

Europa, 1956, Seite 107

Autoritäten wissen nichts. Und die, die wissen, können nicht darüber sprechen.

Kommentare über das Leben 3, Seite 214

Befreiung

Befreiung ist kein fernes Ziel. Befreiung findet von Augenblick zu Augenblick statt, wenn wir verstehen, was ist – wenn der Geist frei ist, nicht wenn er befreit wird.

Ceylon, 1949 – 1950, Seite 22

Um Befreiung zu erlangen, ist nichts *nötig*. Du kannst sie nicht erlangen, indem du feilschst, etwas opferst oder etwas aus deinem Leben ausschließt; Befreiung ist nichts, was du kaufen könntest. Wenn du es trotzdem versuchst, bekommst du eine Ware, aber nichts Wahres.

Ceylon, 1949 – 1950, Seite 12

Dem zu lauschen, was *ist*, bringt Befreiung mit sich. Die Wahrheit macht frei, nicht das Bemühen, frei zu werden.

Kommentare über das Leben 1, Seite 171

Beobachten

Wenn du einen Baum ansiehst, dann beobachtet dein Geist niemals den Baum, er beobachtet das Bild, das er sich von einem Baum gemacht hat. Dieses Bild verschiebt sich ständig, es ist niemals statisch. Ständig wird ihm etwas hinzugefügt oder weggenommen. Nur wenn der Geist sehr ruhig, wirklich aufmerksam und ohne jede Bewegung ist, dann beobachtet er die Tatsächlichkeit des Baumes.

USA, 1966, Seite 62

Um wirklich zu sehen, musst du von Bildern frei sein. Und wenn du frei bist, dann siehst du nicht mit dem Intellekt, nicht mit dem Gefühl, sondern mit Liebe, mit Klarheit, mit etwas völlig Neuem.

Indien, 1966, Seite 95

Beruf

Es ist offensichtlich, dass es unrechte Methoden gibt, um seinen Lebensunterhalt zu verdienen. Ein Mensch, der Waffen oder andere Dinge herstellt, die andere Menschen töten, ist damit beschäftigt, die Gewalt zu fördern, was der Welt niemals Frieden bringen wird. Ein Politiker, der zum „Wohle" seines Landes, seiner selbst oder einer Ideologie damit beschäftigt ist, andere zu beherrschen und sie auszubeuten, geht sicherlich keinem rechtschaffenen Beruf nach, weil seine Tätigkeit zu Krieg und menschlichem Elend führt. Ein Priester, der bestimmte Vorurteile hat und sich an bestimmte Glaubenssätze und Dogmen hält und nur seine eigenen Rituale gelten lässt, verdient seinen Lebensunterhalt ebenfalls nicht auf rechtschaffene Art und Weise, denn er verbreitet Ignoranz und Intoleranz, wodurch Menschen gegen Menschen aufgebracht werden. Ein Beruf, der die Trennung und die Konflikte zwischen den Menschen fördert und aufrechterhält, kann keine rechtschaffene Form des Lebenserwerbes sein. Ein solcher Beruf führt zu Ausbeutung und Krieg.

Ojai, 1945 – 1946, Seite 17

In unserer modernen Gesellschaft ist es besonders wichtig, sich seinen Lebensunterhalt auf rechtschaffene Weise zu verdienen, denn unsere ganze Gesellschaft ist auf Krieg ausgerichtet. Wir müssen uns bemühen, die falschen Berufe zu identifizieren und uns von ihnen fern zu halten. Es ist offensichtlich, dass das Militär zu den falschen Berufen gehört, aber auch die Juristerei, die nur zu Streitereien führt, gehört dazu, und natürlich die Polizei, besonders die Geheimpolizei. Wir alle müssen also einen rechten Beruf finden und ausüben. Nur dann kann das Töten aufhören und Frieden unter den Menschen herrschen.

Ceylon, 1949 – 1950, Seite 15

Besant, Annie

Dr. Besant war unsere Mutter, sie kümmerte sich um uns. Aber eines tat sie nicht. Sie sagte niemals zu mir: »Tu dies!« oder »Tu jenes nicht!« Sie ließ mich in Ruhe. Nun, mit diesen Worten habe ich ihr den größtmöglichen Tribut gezollt.

Adyar, 1933 – 1934, Seite 50

Besitzdenken

Wenn wir nicht bald erkennen, dass Besitzdenken grundlegend falsch ist, dann werden wir weder individuell noch kollektiv eine andere Lebensweise haben können – und daher auch keine andere Zivilisation.

New York City, 1935, Seite 29

In Indien gibt es gewisse Menschen, die sich auf der Suche nach Wahrheit von der Welt abgewandt haben und die *sannyasi* genannt werden. Sie besitzen normalerweise zwei Lendentücher. Das eine tragen sie, das andere ist für den nächsten Tag. Ein Sannyasi suchte einmal auf seiner Suche nach Wahrheit verschiedene Lehrer auf. Auf seiner Wanderschaft hörte er, dass ein gewisser König erleuchtet sei und seine Weisheit lehrte. Also ging der Sannyasi zu diesem König. Ihr könnt euch sicherlich den Unterschied zwischen dem König und dem Sannyasi vorstellen. Der König hatte alles – Paläste, Juwelen, Diener, Macht – und der Sannyasi hatte nur zwei Lendentücher. Der König unterwies ihn in Wahrheit. Eines Tages, als der König ihn wieder einmal unterwies, fing der Palast an zu brennen. Der

König fuhr ungestört mit seiner Rede fort, während der Sannyasi, der heilige Mann, sich furchtbare Sorgen machte, weil sein zweites Lendentuch verbrannte. Wisst ihr, ihr seid alle in derselben Situation. Ihr mögt vielleicht in Bezug auf Kleidung, Häuser oder Freunde frei von Besitzdenken sein, aber ihr sucht dennoch danach, etwas zu besitzen. Daran hängt ihr, daran klammert ihr euch fest, und es frisst euer Herz und euren Geist auf. Solange diese unerforschten und verborgenen Gifte in euch existieren, wird es ständige Konflikte und endloses Leiden geben.

New York City, 1935, Seite 29

Nehmen wir einmal an, du bist von Besitzdenken erfüllt. Sage nicht: »Ich habe heute gehört, dass ich nicht besitzgierig sein soll, also werde ich dieses Verlangen unterdrücken.« Setze der Gier keinen Widerstand entgegen. Wenn du besitzgierig bist, sei dir dessen einfach vollkommen bewusst, dann wirst du sehen, was passiert.

New York City, 1935, Seite 31

Kann es Liebe geben, solange Besitzdenken vorhanden ist? Können wir eins mit jemandem sein, den wir kontrollieren wollen? Einen anderen beherrschen zu wollen heißt, ihn für unsere eigene Selbstbestätigung zu missbrauchen, aber wann immer wir einen anderen ge- und missbrauchen, kann es keine Liebe geben.

Erziehung und die Bedeutung des Lebens, Seite 48

Beten

Betest du, wenn du frohen Herzens bist, wenn du glücklich bist, wenn du weder verwirrt bist noch dich elend fühlst? Du betest doch, wenn du dich elend fühlst, wenn du Angst hast, in innerem Aufruhr bist. Dein Gebet ist nichts weiter als Flehen und Betteln. Wenn du unglücklich bist, dann willst du, dass ein höheres Wesen dir seine Hand entgegenstreckt. Diese Form des Bettelns in all seinen Variationen nennen wir Beten. Also, was passiert? Du streckst deine bettelnden Hände jemandem entgegen – ob nun einem Engel oder deiner eigenen Projektion, die du Gott nennst. In dem Moment, in dem du bettelst, hast du etwas, aber ob dieses Etwas real ist oder nicht, ist eine ganz andere Frage. Du willst von deiner Verwirrung und deinem Elend erlöst werden, also holst du deine traditionellen Phrasen hervor, stellst deine Gebetsmaschine an und die ständige Wiederholung beruhigt deinen Geist. Aber das ist keine wirkliche Stille, der Geist ist einfach betäubt und eingeschläfert. Wenn du in dieser selbst herbeigeführten Stille um etwas bettelst, erhältst du eine Antwort. Aber es ist keine Antwort von Gott, sie kommt von dem, was du selbst projiziert hast.

Ceylon, 1949 – 1950, Seite 20

Empfänglichkeit bezeichnet die Fähigkeit, offen für das zu sein, was ist – ohne Beurteilung oder Rechtfertigung. Aber genau davor versuchst du durch das Gebet zu fliehen.

Ceylon, 1949 – 1950, Seite 20

Bewusstheit

Einzig durch die Flamme der Bewusstheit, durch vollständige Bewusstheit, und nicht durch das Analysieren des Selbst kann man die Vorurteile, die geistigen Fluchtwege und die Werte, mit denen man ständig das Ich verteidigt, erkennen. Diese aber verzerren ununterbrochen unsere Erfahrung.

New York City, 1935, Seite 28

Um zu verstehen, muss der Geist tief eintauchen. Und doch muss er wissen, wann er passiv, aber wach sein muss. Es wäre närrisch, und man wäre nicht im Gleichgewicht, wenn man immer nur graben würde, ohne die erholsame und heilende Macht der Passivität zu genießen. Wir suchen, analysieren, schauen tief in uns hinein, aber dies ist ein Vorgang voller Konflikt und Schmerz. Es liegt keine Freude darin, weil wir urteilen, rechtfertigen oder vergleichen. Dabei gibt es keine Momente stiller Bewusstheit und unterscheidungsloser Passivität. Es ist aber diese unterscheidungslose Bewusstheit, diese schöpferische Passivität, die noch wichtiger ist als die Selbstbeobachtung und das

Forschen. Ein Feld, das gepflügt wird, damit auf ihm gesät und geerntet werden kann, muss anschließend brach liegen. So müssen auch wir in einem Tag alle vier Jahreszeiten leben. Wenn du pflügst, säst und erntest, ohne dem Boden Erholung zu gönnen, wird er bald nichts mehr hervorbringen. Die Zeit des Brachliegens ist so wichtig wie die des Pflügens. Wenn die Erde brach liegt, können Wind, Regen und Sonne ihr ihre schöpferische Kraft schenken und sie kann sich erneuern. So muss auch das Geist-Herz nach dem Ringen still und voll wacher Passivität sein, um sich zu erneuern.

Ojai, 1945 – 1946, Seite 16 – 17

Bewusstheit ist anstrengend. Jeden Gedanken vollständig zu denken, jedes Gefühl vollständig zu fühlen ist anstrengend. Aber diese Bewusstheit gegenüber jedem Gedanken-Gefühl bringt den wandernden Geist zum Stillstand.

Ojai, 1945 – 1946, Seite 51

Nehmen wir an, du hättest seit Jahren Briefe gesammelt. Nun schaust du in die Schublade und liest Brief um Brief noch einmal durch. Einige behältst du, andere wirfst du weg. Die, die du behalten hast, liest du noch einmal, und sortierst noch einmal aus, bis die Schublade leer ist. Gleichermaßen solltest du dir jedes Gedanken-Gefühls bewusst sein, seine Bedeutung verstehen und es noch einmal bedenken, wenn es wieder auftaucht, da du es dann noch nicht völlig verstanden hast. So wie eine Schublade nur nützlich ist, wenn sie leer ist, so muss auch der Geist von allem, was sich in ihm angesammelt hat, frei sein, denn nur dann kann er sich der Weisheit öffnen und die Ekstase des Wirklichen erleben.

Ojai, 1945 – 1946, Seite 52

Bewusstheit findet von Augenblick zu Augenblick statt. Sie ist nicht der kumulative Effekt von Erinnerungen, die nur dem Selbstschutz dienen. Bewusstheit ist weder Entschlossenheit noch willentliches Handeln. Bewusstheit ist die vollständige und bedingungslose Hingabe an das, was ist, ohne Rationalisierung, ohne die Trennung von Beobachter und Beobachtetem. Da Bewusstheit nicht kumulativ ist und keine Spuren hinterlässt, baut sie das Selbst nicht auf – weder im positiven noch im negativen Sinne. Bewusstheit ist immer in der Gegenwart. Sie schafft weder eine Identität noch Gewohnheiten und sie ist nicht wiederholbar.

Ojai, 1945 – 1946, Seite 100

Man kann eine Maschine nicht ständig mit voller Leistung laufen lassen. Sie würde kaputtgehen. Auch sie muss von Zeit zu Zeit langsamer laufen und sich erholen. Gleichermaßen können auch wir nicht die ganze Zeit über absolute Bewusstheit aufrechterhalten. Wie sollten wir auch? Sich einfach von Augenblick zu Augenblick bewusst zu sein, ist völlig ausreichend. Wenn man ein oder zwei Minuten vollkommen bewusst ist und sich dann entspannt und während dieser Entspannung spontan das Wirken des eigenen

Geistes beobachtet, dann wird man durch diese spontane Beobachtung viel mehr entdecken, als man es in dem Bemühen, ständig bewusst zu sein, je könnte.

Europa, 1956, Seite 55

Ein Baum ist nicht nur das Blatt, die Blüte oder die Frucht, er ist auch Zweig und Stamm. Er ist alles, was nötig ist, um ein ganzer Baum zu sein. Gleichermaßen entspringt auch Bewusstheit dem gesamten Wirken des Geistes und nicht nur einem bestimmten Teil davon. Aber der Geist kann die Gesamtheit seiner selbst nicht verstehen, solange er irgendeinen Teil davon rechtfertigt oder verurteilt oder sich mit dem Angenehmen identifiziert und das Schmerzhafte zurückweist.

Europa, 1956, Seite 54

Sei einfach bewusst. Das ist alles, was du zu tun hast. Ohne etwas zu verurteilen, ohne etwas zu erzwingen, ohne zu versuchen das, dessen du dir bewusst bist, zu verändern. Dann wirst du sehen, dass Bewusstheit wie eine Flutwelle ist, die über dich hereinbricht. Du kannst die Flut nicht daran hindern zu kommen. Du kannst einen Damm bauen oder tun, was immer du willst, sie wird trotzdem mit gewaltiger Macht kommen. Wenn du einfach unterscheidungslos bewusst bist, erschließt sich dir das ganze Feld des Bewusstseins. Und wenn es sich dir erschließt, musst du einfach folgen. Aber das Folgen wird außerordentlich schwierig – Folgen in dem Sinne, dass du der Bewegung jedes Gedankens, jedes Gefühls, jedes verborgenen Verlangens folgst. Es wird in dem Augen-

blick schwierig, in dem du sagst: »Jenes ist hässlich«, »das hier ist gut«, »jenes ist schlecht«, »dies hier behalte ich«, »das dort behalte ich nicht«.
Du fängst mit dem Äußeren an und bewegst dich nach innen. Wenn du nach innen gehst, wirst du entdecken, dass Innen und Außen nicht zwei verschiedene Dinge sind, dass die äußere Bewusstheit sich nicht von der inneren Bewusstheit unterscheidet, dass die beiden identisch sind.

Indien, 1965, Seite 84 – 85

Es mag eine Sekunde andauern. Du bist eine Sekunde lang vollkommen bewusst und in der nächsten bist du vielleicht unachtsam. Aber sei dir bewusst, dass du unachtsam bist. Sage nicht: »Unachtsamkeit muss zu Achtsamkeit werden.« Dadurch erzeugst du nur einen Konflikt und in diesem Konflikt hören Bewusstheit und Achtsamkeit vollkommen auf.

USA, 1966, Seite 87

Bewusstsein

Bewusstsein ist ein Produkt des Geistes und der Geist ist das Ergebnis von Konditionierung, von Verlangen, und somit der Sitz des Selbst. Nur wenn die Aktivität des Selbst, der Erinnerung, aufhört, kann es ein vollkommen anders geartetes Bewusstsein geben, über das jede Spekulation nur hinderlich ist. Das Bemühen, sich auszudehnen, ist immer noch eine Aktivität des Selbst, dessen Bewusstsein wachsen und werden will. Aber da ein solches Bewusstsein an die Zeit gebunden ist, kann das Zeitlose nicht in Erscheinung treten.

Ojai, 1945 – 1946, Seite 87

Tatsächlich gibt es nur einen Zustand, nicht zwei, die man als Bewusstsein und Unbewusstsein definieren könnte. Es gibt nur einen Seinszustand: das Bewusstsein, auch wenn du es in Bewusstes und Unbewusstes trennen möchtest. Aber dieses Bewusstsein ist immer Bewusstsein des Vergangenen und nie des Gegenwärtigen. Du wirst dir der Dinge erst bewusst, wenn sie bereits vorbei sind. Du bist dir erst bewusst, dass du meine Worte hörst, wenn sie verklungen sind. Ist es nicht so? Du verstehst sie erst einen Augenblick später. Du bist dir nie des gegenwärtigen Augenblickes bewusst. Beobachte dein Herz und deinen Geist, dann wirst du erkennen, dass Bewusstsein zwischen Vergangenheit und Zukunft stattfindet und dass die Gegenwart nur der Übergang der Vergangenheit zur Zukunft ist.

Ceylon, 1949 – 1950, Seite 72

Ein vollintegrierter Mensch zu sein heißt, den gesamten Prozess des eigenen Bewusstseins zu verstehen, und zwar sowohl die offensichtlichen als auch die verborgenen Anteile.

Erziehung und die Bedeutung des Lebens, Seite 65

Damit sich das Bewusstsein erweitern kann, muss es ein Zentrum geben, das sich dieser Erweiterung bewusst sein kann. In dem Augenblick aber, in dem es ein Zentrum gibt, von dem aus man sich ausdehnt, findet Ausdehnung nicht länger wirklich statt, weil das Zentrum seine eigene Ausdehnung und Erweiterung notwendigerweise begrenzt.

USA, 1966, Seite 41

Du kannst das gesamte Gebiet, das Unbewusstes und Bewusstes genannt wird, nur dann betrachten, wenn es überhaupt keinen Betrachter mehr gibt, wenn es keinerlei Versuche mehr gibt, das, was ist, zu ändern, wenn du vollkommen aufmerksam bist, wenn du das gesamte Gebiet vollkommen aufmerksam wahrnimmst. Dann wirst du für dich herausfinden, dass es so etwas wie das Unbewusste gar nicht gibt, dass es gar nichts gibt, was untersucht werden könnte.

USA, 1966, Seite 87

Beziehung

Zu sein heißt, in Beziehung zu stehen. Daher gibt es so etwas wie isoliertes Sein nicht. Beziehung ist sowohl innerer wie äußerer Konflikt. Ein innerer Konflikt, der sich nach außen ausdehnt, wird zu einem weltumspannenden Konflikt. Du und die Welt seid nicht getrennt, dein Problem ist das Problem der ganzen Welt. Du trägst die Welt in dir, ohne dich gibt es sie nicht. Es gibt keine Isolierung und es gibt nichts, was nicht zu allem anderen in Beziehung stünde.

Ojai, 1945 – 1946, Seite 56

Ist nicht Beziehung ein Spiegel, in dem wir – wenn wir bewusst sind – unsere persönlichen Motive und Gedanken, unseren inneren Zustand ohne Verzerrungen beobachten können? In der Beziehung enthüllen sich die subtilen Prozesse des Selbst, des Ego, und nur durch nicht urteilendes Gewahrsein können die inneren Unzulänglichkeiten transzendiert werden.

Ojai, 1945 – 1946, Seite 57

Die Welt ist nicht das Problem, ihr einzelnen in Beziehung zueinander erschafft das Problem. Und die Erweiterung dieses Problems wird dann zum weltumspannenden Problem.

Ceylon, 1949 – 1950, Seite 4

Jede Beziehung ist ein Spiegel, in dem der Geist sein eigenes Funktionieren erkennen kann. Das gilt für jede Beziehung zwischen dir und anderen Menschen, zwischen dir und Dingen oder Besitz, zwischen dir und Ideen, zwischen dir und der Natur. Im Spiegel der Beziehung kannst du dich sehen, wie du tatsächlich bist, aber nur dann, wenn es dir gelingt, hinzuschauen ohne zu urteilen, zu bewerten, zu verdammen oder zu rechtfertigen.

Europa, 1956, Seite 54 – 55

Brüderlichkeit

Solange die Religionen die Menschen voneinander trennen, kann es keine Brüderlichkeit geben. Ebenso wenig kann es Brüderlichkeit geben, solange das Nationaldenken existiert, das immer zu Konflikten unter den Menschen führen muss.

Adyar, 1933 – 1934, Seite 12

Wenn es keine trennenden Glaubenssätze und keine Ideale gäbe, wenn wir alle wahre und vollkommene Menschen wären, dann gäbe es wahre Brüderlichkeit – nicht dieses künstliche Gebilde, das man heutzutage Brüderlichkeit nennt.

Adyar, 1933 – 1934, Seite 75

Demut

Wenn du dich bemühst, demütig zu sein, dann verbirgst du damit nur deine Eitelkeit. Demut ist etwas, was ganz natürlich erblühen muss.

Indien, 1966, Seite 28

Denken

Solange das Denken auf Glauben, auf einer Ideologie, basiert, kann es nur innerhalb seiner eigenen Grenzen funktionieren. Es kann nur innerhalb der Begrenzungen seiner eigenen Voreingenommenheit fühlen und handeln. Es kann nur im Rahmen seiner eigenen Erinnerungen wahrnehmen, die dem Selbst Beständigkeit verleihen und seine Fesseln verstärken.

Ojai, 1945 – 1946, Seite 64

Das Erschaffene kann nicht über das Unerschaffene nachdenken. Es kann nur über seine eigenen Projektionen nachdenken, die aber nicht real sind. Wie könnte das Denken, welches das Resultat von Zeit, Einfluss und Nachahmung ist, über das nachdenken, was unermesslich ist?

Ojai, 1945 – 1946, Seite 108

Wenn das Denken über die Wahrheit nachdenken kann, dann handelt es sich nicht um die Wahrheit. Wahrheit ist ein Seinszustand, in dem die Aktivität des Denkens aufgehört hat. Das Denken, wie wir es kennen, ist das Ergebnis sich ausdehnender zeitlicher Prozesse, das Resultat der Vergangenheit. Es ist das Ergebnis der Bewegung des Bekannten zum Bekannten. Denken, das die Wirkung einer Ursache ist, kann niemals das beschreiben, was keine Ursache hat. Es kann nur über das Bekannte nachdenken, da es das Produkt des Bekannten ist.

Ojai, 1945 – 1946, Seite 113

Ein Denker ohne Widersprüche ist ein denkfauler Mensch, weil er sich einfach an ein Muster anpasst. Er wiederholt Phrasen und denkt in gewohnten Geleisen.

Erziehung und die Bedeutung des Lebens, Seite 14

Gedanken können weder frei sein noch können sie dich jemals befreien. Gedanken sind das Ergebnis von Erfahrungen, und Erfahrungen bedeuten immer Konditionierung.

Kommentare über das Leben 1, Seite 180

Das Denken kann kein menschliches Problem lösen, denn das Denken ist ja selbst das Problem.

Kommentare über das Leben 1, Seite 233

Es gibt keine Gedankenfreiheit, denn jedes Denken ist konditioniert.

Europa, 1956, Seite 101

Es gibt kein unbegrenztes Denken, jedes Denken ist begrenzt. Um herauszufinden, was jenseits der Gedanken liegt, muss das Denken zuerst aufhören. Wie könnte auch das Denken, das ja begrenzt, voreingenommen und gesellschaftlich geprägt ist, etwas erforschen, das unermesslich ist?

Europa, 1956, Seite 111

Nur wenn du die Vergangenheit, die nur gedacht ist, gänzlich verneinst, wenn du sie jeden Tag deines Lebens gänzlich verneinst, sodass es keinen Augenblick des Speicherns mehr gibt, nur dann wirst du eine Dimension der Glückseligkeit entdecken, die nicht innerhalb der Zeit existiert, die außerhalb des menschlichen Vorstellungsvermögens liegt.

Indien, 1966, Seite 80

Disziplin

Disziplin kann nur Mauern um uns herum errichten, denn sie schließt immer etwas aus und erschafft ständig Konflikte. Disziplin hilft uns nicht zu verstehen, denn echtes Verstehen entsteht durch jene Beobachtung und Erforschung, bei der alle vorgefassten Meinungen beiseite gelassen werden.

Erziehung und die Bedeutung des Lebens, Seite 32

Intelligenz schafft Ordnung, nicht Disziplin.

Erziehung und die Bedeutung des Lebens, Seite 33

Einfachheit

Einfachheit kann es nur geben, wenn das Selbst mit seinem ständigen Sammeldrang aufhört zu sein. Es ist verhältnismäßig leicht, Familie, Besitz, Ruhm und andere weltliche Dinge aufzugeben, aber das ist nur der Anfang. Viel schwieriger ist es, alles Wissen, alle Konditionierungen, alle Erinnerungen aufzugeben.

Ojai, 1945 – 1946, Seite 107

Nur wenn der Geist einfach und verletzlich ist, ist es möglich, die Dinge klar und in ihrer wahren Bedeutung zu erkennen. Daher ist Einfachheit des Geistes die Vorbedingung für die Vereinfachung des Lebens. Ins Kloster zu gehen, ist nicht die Lösung. Einfachheit stellt sich ein, wenn der Geist nicht mehr anhaftet, wenn er nichts mehr erreichen will, wenn er akzeptiert, was ist.

Ceylon, 1949 – 1950, Seite 30

Solange du einer bestimmten Religion, einer bestimmten Schicht oder Gesellschaft, einem bestimmten Dogma – gleich ob links oder rechts – angehörst, kann es keine Einfachheit geben. Innerlich einfach zu sein, klar und verletzlich zu sein heißt, wie eine Flamme ohne Rauch zu sein. Ohne Liebe kannst du nicht einfach sein.

Ceylon, 1949 – 1950, Seite 30

Ein Mensch, der an seinem Wissen, seiner Meinung und seinen Erfahrungen festhält, wird die Wahrheit niemals finden. Der Geist muss sehr einfach sein, um die Wahrheit zu finden, und Einfachheit kann nicht durch Lernen erlangt werden.

Indien, 1949 – 1950, Seite 49

Aus der vielfältigen Komplexität müssen wir in die Einfachheit hineinwachsen. Wir müssen sowohl in unserem inneren Leben als auch in unseren äußeren Bedürfnissen einfach werden.

Erziehung und die Bedeutung des Lebens, Seite 45

Einsamkeit

Wir versuchen unserer Einsamkeit durch Zweisamkeit, Arbeit, Vergnügungen, Gebet und all diesen bekannten und ausgeklügelten Ablenkungsmanövern zu entfliehen. Warum tun wir das? Wir glauben, dass wir unsere Einsamkeit durch diese Fluchtwege und Ablenkungen übertünchen können. Aber können wir jemals etwas übertünchen, das innerlich vollkommen verrottet ist? Es mag uns zwar gelingen, die Einsamkeit vorübergehend zu verdecken, aber sie ist trotzdem immer da.

New York City, 1935, Seite 15

Wenn du dich einsam fühlst, dann sei dir dessen voll bewusst. Dann wirst du sehen, dass dein Geist davor davonlaufen, dass er dem Gefühl entfliehen möchte. Wenn sich der Geist bewusst ist, dass er zu fliehen versucht, und sich gleichzeitig der Absurdität des Fluchtversuches bewusst ist, dann verschwindet in diesem Verstehensprozess die Einsamkeit völlig.

New York City, 1935, Seite 15

Um die richtige und dauerhafte Antwort auf die Einsamkeit zu finden, müssen wir zunächst einmal aufhören, vor ihr davonzulaufen, auch wenn das sehr schwierig ist, weil das Denken immer eine Fluchtmöglichkeit und einen Zufluchtsort sucht. Nur wenn das Geist-Herz diese Leere bedingungslos akzeptieren kann und sich ihm ohne jeden Hintergedanken, ohne Hoffnung oder Angst hingibt, dann kann die Transformation stattfinden.

Ojai, 1945 – 1946, Seite 46

Energie

Man braucht unerschöpfliche Energie, um die Wahrheit zu finden. Wir verschwenden unsere Energie aber stets durch den Konflikt, der aus Unterdrückung, Konformitätsdenken und zwanghaftem Verhalten entsteht. Aber dem Verlangen einfach nachzugeben führt ebenfalls zu inneren Widersprüchen, die wiederum unsere Energie verschwenden.

Kommentare über das Leben 3, Seite 294

Der Wunsch, sich seine Energie zu bewahren, ist nichts als Gier. Diese lebensnotwendige Energie kann nicht bewahrt oder gesammelt werden, sie entsteht, wenn der innere Widerspruch endet.

Kommentare über das Leben 3, Seite 294

Ein Geist, der vollkommen still ist, ist voller Energie. Diese Energie hat keinen Namen, sie kennt keine Nationalität, keinen Konflikt. Diese Energie ist anonym, sie gehört weder dir noch mir. Daher kommst du mit dieser Energie sehr weit, wenn du ihr nur erlaubst, sich frei zu bewegen. Sie führt dich über die Begrenzungen der Zeit hinaus.

Indien, 1965, Seite 87

Diese Energie, diese Kraft, diese Vitalität entsteht nicht, indem man Energie ansammelt. Diese Energie tritt durch den bloßen Akt des Erforschens hervor, sie entsteht durch den bloßen Akt des Infragestellens.

Indien, 1965, Seite 115

Entsagung

Entsagung zeigt sich nicht in einem äußerlichen Symbol oder einer äußerlichen Handlung, etwa im Tragen eines Lendenschurzes oder einer Mönchsrobe, oder indem man am Tag nur eine Mahlzeit zu sich nimmt oder das Leben eines Einsiedlers führt. Eine solche disziplinierte Schlichtheit, ganz gleich, wie entbehrungsreich sie auch sein mag, ist nicht Entsagung, sie ist einfach eine äußere Show ohne innere Wirklichkeit. Entsagung ist die Schlichtheit inneren Alleinseins, die Einfachheit eines Geistes, der von allen Konflikten geläutert ist, der nicht mehr im Feuer des Verlangens gefangen ist – auch nicht im Verlangen nach dem Höchsten.

Kommentare über das Leben 3, Seite 23

Hast du jemals versucht, nichts zu tun, wirklich aufzugeben, keine eigenen Interessen zu verfolgen? Dann wirst du sehen, dass das Leben dich nährt. Aber Entsagung mit Hintergedanken ist nicht wirklich Entsagung. Entsagen, um ein Ziel zu erreichen, etwas aufgeben, um Gott zu finden, ist nichts weiter als das

Streben nach Macht. Das ist nicht Entsagung. Wenn du der Welt entsagst, kannst du dir keine Gedanken um das Morgen machen.

Ceylon, 1949 – 1950, Seite 15

Wenn ein Mensch der Welt entsagt, um Gott zu finden, um etwas Größeres zu erreichen, kann man das dann Entsagung nennen? Wenn ich etwas aufgebe, um etwas anderes zu bekommen, habe ich dann überhaupt etwas aufgegeben?

Ceylon, 1949 – 1950, Seite 63

Wenn ich der Welt entsage und Mönch oder ein sehr frommer, gläubiger Mensch werde, so besteht meine Motivation dennoch darin, etwas Besseres zu bekommen. Aber das ist immer noch die Motivation des Selbst oder etwa nicht? Ich mag meinen Namen aufgeben und nur noch eine Nummer in einem religiösen Orden sein, aber die Motivation ist immer noch vorhanden.

Europa, 1956, Seite 75

Erfolg

Solange der Erfolg unser Ziel ist, können wir unsere Ängste nicht loswerden, denn der Wunsch, erfolgreich zu sein, bringt unweigerlich die Angst zu versagen hervor. Darum sollten wir die Jugend nicht lehren, den Erfolg anzubeten. Die meisten Menschen streben in der einen oder anderen Weise nach Erfolg, gleich ob auf dem Tennisplatz, im Geschäftsleben oder in der Politik. Wir alle wollen an der Spitze stehen und dieser Wunsch erzeugt immerwährende Konflikte in uns selbst und mit unseren Nachbarn. Er führt zu Konkurrenzdenken, Neid, Feindschaft und letzten Endes zum Krieg.

Erziehung und die Bedeutung des Lebens, Seite 43

Erinnerung

Alles, was wir direkt wahrnehmen und vollkommen verstehen, hinterlässt keinerlei Spuren im Geist. Wenn du eine Erfahrung ganz machst, wirst du dich zwar an das Erlebnis erinnern können, aber es wird nicht jene Reaktionen hervorrufen, die du zu deinem Selbstschutz erschaffst. Wenn ich eine Erfahrung mache, deren Bedeutung ich nicht vollständig verstehe, dann wird mein Geist zum Zentrum eines Konflikts, und dieser Konflikt wird so lange weitergehen, bis ich die Erfahrung vollständig verstanden habe. Solange der Geist mit Konflikten belastet ist, ist er nichts weiter als ein Speicher für Abwehrreaktionen, die Erinnerungen genannt werden. Mit diesen Erinnerungen, die dem Selbstschutz dienen, leben wir dann und erschaffen so eine Barriere zwischen dem Leben und uns selbst, woraus alle Konflikte, alle Ängste und alles Leiden entstehen.

New York City, 1935, Seite 17 – 18

Erinnerung als Prozess des Interpretierens verleiht dem Selbst Kontinuität. Daher ist Erinnern eine einschränkende, behindernde Aktivität, auf der sich die gesamte Egostruktur – das Ich – aufbaut. Ich spreche hier von psychologischer Erinnerung, nicht von dem Erinnerungsvermögen für Sprache, Fakten oder technische Fähigkeiten.

Ojai, 1945 – 1946, Seite 116

Der Geist ist voller Erinnerungen, er besteht aus Erinnerungen. Du hast keinen Geist ohne Erinnerungen – Erinnerungen an deine Vergangenheit, an all die Dinge, die du gelernt, erlebt, erfahren und erlitten hast. Der Geist ist Erinnerung – bewusst oder unbewusst. In der Erinnerung gibt es Angenehmes und Unangenehmes. Und da wir das »Gute« behalten und das »Schlechte« loswerden wollen, ist ständig ein Konflikt im Gange. Wir müssen verstehen, dass es nicht darum geht, die angenehmen Erinnerungen zu behalten und die unangenehmen loszuwerden, sondern darum, das Verlangen auszulöschen, bestimmte Erinnerungen zu bewahren und andere abzulehnen, wodurch stets Konflikt entsteht. Es ist wichtig, sich dieses Konfliktes bewusst zu sein und zu verstehen, warum der Geist Erinnerungen sammelt und sich an ihnen festhält.

Europa, 1956, Seite 72

Wenn du keine Erinnerungen an das Angenehme, an deine Hoffnungen, an dein Vergnügen, an all die Dinge hättest, für die du gelebt hast, dann würdest du dich nicht wie ein Mensch fühlen. Du würdest dir verloren vorkommen und wie ein Nichts. Der Geist klammert sich an die angenehmen Erinnerungen, weil er ohne sie so einsam und verzweifelt wäre.

Europa, 1956, Seite 72

Erinnerungen sind die Vergangenheit, und alles, was aus Erinnerungen entsteht, ist immer alt, niemals neu. Um etwas völlig Neues zu entdecken, muss der Geist unglaublich ruhig, unbewegt, also passiv sein, sich weder Erinnerungen wünschen noch auf sie reagieren.

Europa, 1956, Seite 73

Erleben

Vielleicht hast du gemerkt, dass etwas, das du vollständig und vollkommen erlebst, keine Spuren in dir hinterlässt. Nur ein unvollkommenes Erlebnis hinterlässt einen Eindruck und sichert so den Fortbestand der selbstbezogenen Erinnerung.

Ojai, 1945 – 1946, Seite 53

Wenn ein Erlebnis eintritt, erlebe es so vollständig und tief wie nur möglich, denke und fühle es umfassend und gründlich. Sei dir der Freude und des Schmerzes, deiner Urteile und Identifikationen bewusst. Nur wenn ein Erlebnis vollständig erfahren wurde, gibt es eine Erneuerung. Wir müssen fähig sein, die vier Jahreszeiten an einem einzigen Tag zu leben. Wir müssen wach und aufnahmebereit sein, wir müssen erleben, verstehen und wieder frei von dem sein, was wir am Tag angesammelt haben. Am Ende eines jeden Tages muss sich das Geist-Herz vollständig von all seinen Freuden und Leiden entleeren. Wir sammeln bewusst und unbewusst. Es ist verhältnismäßig leicht, das loszulassen, was wir bewusst angesammelt haben, aber für das

Denken ist es viel schwieriger, sich von dem unbewusst Angesammelten zu befreien, von der Vergangenheit, den unvollständigen Erfahrungen mit ihren immer wiederkehrenden Erinnerungen. Das Gedanken-Gefühl klammert sich so hartnäckig an das, was es angesammelt hat, weil es Angst vor Unsicherheit hat.

Ojai, 1945 – 1946, Seite 54

Wenn der Erlebende ein Erlebnis hat, dann existiert der Zustand des Erlebens nicht mehr. Das Erleben dessen, was ist, ohne es zu benennen, bringt Freiheit von dem, was ist.

Kommentare über das Leben 1, Seite 54

Erleben ist etwas sehr Merkwürdiges. In dem Augenblick, indem du weißt, dass du etwas erlebst, hört dieses Erleben auf. In dem Augenblick, in dem ich weiß, dass ich glücklich bin, bin ich nicht mehr glücklich. Um die unermessliche Realität zu erleben, muss der Erlebende verschwinden. Der Erlebende ist das Ergebnis des Bekannten, von vielen Jahrhunderten kultivierter Erinnerung. Er ist die Ansammlung und der Höhepunkt dessen, was er erlebt hat. Wenn also jemand sagt: »Ich muss die Wirklichkeit erleben« und er sich dieses Erlebens bewusst ist, dann ist das, was er erlebt, nicht die Wirklichkeit, sondern eine Projektion seiner eigenen Vergangenheit, seiner eigenen Konditionierung.

Europa, 1956, Seite 68

Solange ein Mensch nicht erleuchtet, intelligent und sensibel ist, wird er durch Erfahrungen und Herausforderungen wach gehalten. Du musst jedes Erlebnis empfangen und hinterher nicht einen Schatten davon zurückbehalten.

USA, 1966, Seite 77

Ein ruhender Geist, ein stiller Geist, erlebt nicht. Nur der Beobachter erlebt. Folglich ist der Geist des Beobachters nicht still.

USA, 1966, Seite 87

Erschaffen und Schöpfung

Nur wenn der Geist aufhört zu erschaffen, findet Schöpfung statt.

Ojai, 1945 – 1946, Seite 54

Die Schöpfung zu verstehen, ist eines der schwierigsten Dinge überhaupt. Der Mann, der ein wunderschönes Gedicht geschrieben hat, hält sich für ein schöpferisches Wesen. Der Mann und die Frau, die Kinder zeugen, halten sich ebenfalls für schöpferisch. Auch ein Bäcker, der Brot backt, hält sich vermutlich für einen schöpferischen Menschen. Aber Schöpfung ist viel mehr als das. Ein Mann kann sich nicht schöpferisch nennen, nur weil er ein Buch schreibt oder irgendeinen anderen kleinen Ehrgeiz befriedigt. Schöpfung ist nicht etwas von Menschenhand Gemachtes, sie hat nichts mit menschlicher Technologie zu tun. Das Ergebnis technologischen Wissens ist lediglich eine Erfindung. Aber Schöpfung ist etwas Zeitloses, etwas, das kein Gestern und kein Morgen hat. Schöpfung heißt, zeitlos zu leben.

Indien, 1965, Seite 48

Erziehung

Das Leben zu verstehen heißt, sich selbst zu verstehen. Das ist das A und O jeder Erziehung. Erziehung ist nicht einfach die Aneignung von Wissen, das Sammeln und Einordnen von Fakten, Erziehung heißt, die Bedeutung des Lebens als Ganzes zu erkennen.

Erziehung und die Bedeutung des Lebens, Seite 14

Ohne Güte und Liebe bist du nicht richtig erzogen.

Kommentare über das Leben 3, Seite 113

Flucht

Die Suche nach dem Jenseits ist nichts als eine Flucht vor dem, was ist. Wenn du dem Hier und Jetzt entfliehen möchtest, dann ist Religion oder Gott eine ebenso gute Ablenkung wie der Alkohol. Störe dich nicht daran, dass ich Alkohol und Gott auf eine Stufe stelle. Alle Arten von Ablenkung befinden sich auf einer Stufe. Es spielt keine Rolle, ob du der Wirklichkeit durch Alkohol, durch religiöse Rituale oder sonst etwas entfliehst.

Ceylon, 1949 – 1950, Seite 21

Ein Mensch, der glücklich ist und liebt, sehnt sich nicht nach Besitz. Er lässt sich nicht durch Macht, Status oder Autorität verführen. Nur die Unglücklichen, die Leidenden, streben nach Macht und Erfolg, um ihrer eigenen Unzulänglichkeit zu entfliehen.

Ceylon, 1949 – 1950, Seite 53

Die Realität ist das, was du bist, was du tust und was du denkst. Dein Glaube an Gott ist nichts weiter als eine Flucht vor deinem eintönigen, dummen und schrecklichen Leben.

Ceylon, 1949 – 1950, Seite 75

Die meisten von uns versuchen ständig, sich selbst zu entfliehen. Da die Kunst eine akzeptierte und einfache Möglichkeit dazu bietet, spielt sie eine so wichtige Rolle im Leben vieler Menschen. Aufgrund des Verlangens, sich selbst zu vergessen, wenden sich manche der Kunst zu, andere dem Alkohol, während wieder andere geheimnisvollen und phantastischen religiösen Lehren anhängen. Wenn wir bewusst oder unbewusst etwas benutzen, um uns selbst zu entfliehen, werden wir abhängig davon. Von einem Menschen, einem Gedicht oder von was auch immer abhängig zu sein, um unserem Leiden und unseren Ängsten zu entfliehen, bereichert uns zwar vorübergehend, erschafft aber langfristig nur noch mehr Konflikt und neue Widersprüche.

Erziehung und die Bedeutung des Lebens, Seite 120

Fortschritt

Unsere Existenz, die früher einmal einfach und primitiv war, ist sehr komplex, durchorganisiert und »zivilisiert« geworden. Wir haben den »Fortschritt«, wir haben Radios, Filme, schnelle Möglichkeiten der Fortbewegung und den ganzen Rest. Wir können nicht nur einige Menschen töten, sondern in einem einzigen Augenblick Abertausende. Wir können ganze Städte und ihre Bewohner in ein paar brennenden Sekunden ausradieren – wie man es heute nennt. Wir wissen all das und manche nennen dies Fortschritt: größere und besser gebaute Häuser, größerer Luxus, vielfältigere Unterhaltungsangebote, mehr Ablenkungen. Kann das wirklich Fortschritt sein? Kann die Steigerung des sinnlichen Verlangens Fortschritt sein? Liegt nicht Fortschritt vielmehr im Mitgefühl? Mit Fortschritt meinen wir doch auch das sich ständig steigernde Verlangen des Selbst oder nicht? Kann es in diesem Prozess der Ausdehnung und des Werdens jemals ein Ende von Konflikt und Leiden geben? Wenn nicht, was ist dann der Sinn des Werdens? Welchen Wert hat der Fortschritt, die Evolution des Verlangens, die immer weitere Ausdehnung des Selbst, wenn Konflikte und Leiden immer weitergehen? Würde durch die Steigerung des Verlangens das Leiden beendet, dann hätte das Werden eine Bedeutung, aber liegt es nicht im Wesen des Verlangens, Konflikt und Leiden zu erschaffen und sie zu verlängern?

Ojai, 1945 – 1946, Seite 60

Freiheit

Freiheit ist kein fernes Ziel, Befreiung nicht das angestrebte Ergebnis. Freiheit muss am Anfang stehen, sonst kannst du nichts entdecken.

Ceylon, 1949 – 1950, Seite 54

In Bezug auf die Freiheit kann es keinen Kompromiss geben. Teilweise Freiheit für das Individuum ist überhaupt keine Freiheit.

Erziehung und die Bedeutung des Lebens, Seite 39

Ein Mensch, der frei ist, ist nicht frei für etwas oder von etwas, er ist einfach frei. Und wenn die Realität zu ihm kommen möchte, dann wird sie kommen.

Europa, 1956, Seite 22

Wenn wir gegen unsere Fesseln kämpfen, erschaffen wir lediglich eine neue Fessel. Aber wenn wir den ganzen psychologischen Prozess der Knechtschaft verstehen – nicht nur das, was uns jetzt fesselt, sondern auch, wie es entstanden ist, die Motive, die Implikationen, der ganze Hintergrund –, dann sind wir in diesem Verstehen frei, wir müssen nicht mehr frei »werden«.

Europa, 1956, Seite 38

Wenn du frei von etwas bist, dann ist diese Freiheit einfach nur eine Reaktion und daher keine wirkliche Freiheit. Bitte verstehe dies, aber nicht intellektuell. Fühle dich hinein. Wenn ich frei von Wut bin, dann ist dieses Freisein von Wut, dieses Nicht-mehr-wütend-Sein nur eine andere Form des Widerstandes, eine andere Form der Unterdrückung oder Sublimierung und daher keine wirkliche Freiheit. Freiheit bedeutet Freiheit an und für sich, nicht von etwas.

Indien, 1965, Seite 138

Freude und sinnliches Vergnügen

Mit der Verneinung des Selbst stellt sich unermessliche Freude ein.

Erziehung und die Bedeutung des Lebens, Seite 42

Sinnliches Vergnügen hat eine Kontinuität, Freude hingegen nicht. Wenn wir sagen: »Ich bin froh, ich bin glücklich«, dann ist es bereits vorbei, aber das Vergnügen kann andauern. Daher ist Vergnügen die Fortsetzung dessen, was war, was dir gestern Befriedigung verschafft oder Vergnügen bereitet hat und was du durch den Denkprozess heute und morgen aufrechterhalten kannst. Freude hingegen ist etwas, das sich spontan und ganz natürlich einstellt und wieder vergeht, und wenn du dich an ihr festhältst, dann ist es bereits zum Vergnügen geworden, zur Erinnerung.

USA, 1966, Seite 72 – 73

Denken erschafft Vergnügen. Ich denke an etwas, das mir einen Augenblick lang Vergnügen bereitet hat, und je mehr ich daran denke, desto mehr Kraft gebe ich diesem Vergnügen.

Indien, 1966, Seite 111

Frieden

Du musst einen Preis für den Frieden zahlen. Und du musst ihn freiwillig und frohen Herzens zahlen. Dieser Preis ist das Aufgeben von Begierde und Böswilligkeit, von Materialismus und Ignoranz, von Vorurteilen und Hass. Wenn eine solche grundlegende Veränderung in dir stattfinden würde, könntest du dazu beitragen, eine friedliche und gesunde Welt zu erschaffen. Um Frieden zu haben, musst du mitfühlend und rücksichtsvoll sein.

Ojai, 1945 – 1946, Seite 15

Nur wenn du keinen Grund mehr hast, friedlich zu sein, wirst du Frieden erlangt haben.

Ceylon, 1949 – 1950, Seite 63

Ein Geist, der Gründe erfindet, aus denen er friedlich sein will, befindet sich in einem Konflikt. Ein solcher Geist wird Chaos und Konflikt in die Welt tragen.

Ceylon, 1949 – 1950, Seite 63

Friedfertigkeit, dieser Zustand inneren Friedens, bedeutet nicht Stagnation, sondern im Gegenteil einen besonders aktiven Zustand. Aber der Geist kennt nur seine selbst erschaffene Aktivität: das Denken. Aber Denken kann niemals friedvoll sein, denn Denken ist Leiden, Denken ist Konflikt.

Ceylon, 1949 – 1950, Seite 63

Frieden ist ein Zustand, in dem alle Konflikte beendet und alle Probleme gelöst sind. Frieden ist keine Theorie, kein Ideal, das erst nach zehn Inkarnationen, zehn Jahren oder zehn Tagen erreicht werden kann. Solange der Geist seine eigene Aktivität nicht versteht, wird er weiteres Leiden erschaffen. Das Verstehen des Geistes ist der Beginn des Friedens.

Ceylon, 1949 – 1950, Seite 64

Wenn du Frieden auf der Welt haben möchtest, dann musst du friedlich leben, andere nicht hassen, nicht neidisch sein, nicht nach Macht streben, andere nicht als Konkurrenten sehen. Aus der Freiheit von all diesen Dingen erlangst du Liebe. Nur ein Geist, der fähig ist zu lieben, kann wissen, was es heißt, friedlich zu leben.

Indien, 1965, Seite 121

Die Idee, dass auf der Welt Frieden herrschen sollte, ist reines Wunschdenken, das keinerlei Realitätsgehalt besitzt. Es gibt keinen Frieden auf der Welt, weil ich als Mensch voller Aggressivität, Konkurrenzdenken und

Ehrgeiz bin und die Menschheit ständig in verschiedene Gruppen unterteile – soziologisch, moralisch und spirituell.

USA, 1966, Seite 18

Frieden und Freiheit sind absolut unerlässlich, denn nichts kann wachsen und vollkommen funktionieren, wenn kein Frieden vorhanden ist. Ohne Frieden kann es auch keine Freiheit geben.

Indien, 1966, Seite 7

Gedanken und Denker

Innerhalb der Dualität gibt es keine dauerhafte Lösung. Da jedes Gegenteil ein Element seines Gegenteils enthält, kann es niemals eine dauerhafte Lösung im Konflikt der Gegensätzlichkeiten geben. Eine dauerhafte, einzigartige Lösung kann es nur außerhalb dieser Struktur geben.

Ojai, 1945 – 1946, Seite 13

Um eine dauerhafte Lösung des der Dualität innewohnenden Konfliktes und Leidens zu finden, müssen wir uns in stiller Beobachtung des tieferen Sinnes dieses Konfliktes gewahr werden. Nur dann können wir entdecken, dass es einen Zustand gibt, in dem dieser Konflikt sein Ende gefunden hat. Es kann keine Integration von Gegensätzen wie Gier und Nichtgier geben. Wer gierig ist und versucht, nicht gierig zu werden, ist immer noch gierig. Muss er nicht sowohl die Gier als auch die Nichtgier aufgeben, um sich dem Einfluss beider zu entziehen?

Ojai, 1945 – 1946, Seite 13

Sind nicht der Denker und seine Gedanken ein untrennbares Phänomen? Warum trennen wir das Denken vom Denker? Ist dies nicht einer der geschickten Winkelzüge des Geistes, damit der Denker je nach den Umständen seine äußere Form wechseln und doch derselbe bleiben kann? Äußerlich scheint es so, als ob sich etwas geändert hätte, aber innerlich bleibt der Denker das, was er immer war. Das Verlangen nach Kontinuität, nach Beständigkeit, erschafft die Trennung zwischen dem Denker und seinen Gedanken. Nur wenn der Denker und sein Denken untrennbar geworden sind, dann ist die Dualität überwunden. Nur dann kann man von einer wahrhaft religiösen Erfahrung sprechen. Realität ist nur dann, wenn der Denker aufhört zu sein. Die untrennbare Einheit von Denker und Gedanke muss erfahren werden, man kann über sie nicht spekulieren. Diese Erfahrung ist Befreiung; in ihr liegt unaussprechliches Glück.

Ojai, 1945 – 1946, Seite 14

Warum trennt sich der Denker von seinen Gedanken? Tut er dies nicht, um seine eigene Kontinuität zu bestätigen? Unablässig sucht er nach Sicherheit und Beständigkeit, und da Gedanken unbeständig und nicht von Dauer sind, hält er sich für das Beständige, das Dauerhafte. Der Denker versteckt sich hinter seinen Gedanken und versucht, ihnen einen anderen Rahmen zu geben, ohne sich aber selbst zu transformieren. Er verbirgt sich hinter der Aktivität seines Denkens, um sich selbst zu schützen. Er ist stets der Beobachter, der das Beobachtete manipuliert, aber er selbst ist das Problem, nicht seine Gedanken. Einer der subtilen Tricks des Denkers besteht darin, sich wegen seiner Gedanken Sorgen zu machen, um so zu vermeiden, dass er sich selbst verwandeln muss.

Ojai, 1945 – 1946, Seite 62 – 63

Obwohl du die Worte »ich denke« benutzt, dient dieser Ausdruck lediglich der Kommunikation. Eigentlich gibt es nur einen Zustand, in dem Denken stattfindet. Das Denken erschafft den Denker, der dann seine Gedanken mitteilt. Der Denker ist bloß Ausdruck des Denkens.

Benares, 1949, Seite 38

Gibt es ohne Gedanken einen Denker, ein Zentrum? Wenn du die Gedanken wegnimmst, bleibt dann ein Zentrum übrig? Wenn du überhaupt keine Gedanken hast, kein Bemühen, keinen Drang, etwas zu erwerben, keinen Drang, etwas zu werden, ist dann noch ein Zentrum da? Oder wird das Zentrum durch das Denken erschaffen, das sich unsicher und unbeständig fühlt und sich im stetigen Fluss befindet? Wenn du genau beobachtest, wirst du entdecken, dass es der Denkprozess ist, der das Zentrum erschaffen hat, das sich immer noch innerhalb des Denkprozesses befindet.

Europa, 1956, Seite 16

Der Beobachter, der Denker, existiert nur, wenn die Vorstellung vorhanden ist, einen Gedanken zu verändern, zu unterdrücken, zu transformieren, zu dominieren oder zu kontrollieren. Nur wenn die Absicht vorhanden ist, irgendetwas mit dem Gedanken zu tun, existiert der Denker. Aber wenn diese ganze Aktivität endet, dann ist da nur noch Denken, nicht mehr der Beobachter, der denkt.

Indien, 1965, Seite 66 – 67

Solange es einen Denker und den Gedanken gibt, muss es Dualität geben. Solange es einen Suchenden gibt, der sucht, muss es Dualität geben. Solange es eine Erfahrung gibt und einen, der diese Erfahrung macht, solange gibt es Dualität. Dualität existiert immer, wenn es einen Beobachter und das Beobachtete gibt. Solange es also ein Zentrum gibt, einen, der urteilt, beobachtet, denkt, sucht und im Zentrum seine Erfahrungen macht, muss es auch das Gegenteil geben.

Indien, 1966, Seite 72

Du musst aufhören zu suchen. Denn in dem Augenblick, in dem du suchst, erschaffst du ein Objekt, nach dem du suchst. Solange es einen Erfahrenden gibt, der zu erfahren wünscht, hast du ein Gegenteil erschaffen, das du erfahren möchtest. Solange es einen Zensor, einen Richter, ein Wesen gibt, das urteilt, bewertet, kritisiert, verurteilt, rechtfertigt, muss es auch das Gegenteil und damit einen Konflikt geben.

Indien, 1966, Seite 72

Geist

Du möchtest wissen, wie mein Geist funktioniert? Wenn ich etwas ausführlicher antworten darf, dann werde ich es dir zeigen. Es gibt kein Zentrum, von dem aus er handelt, und auch keine Erinnerung, die ihn reagieren lässt. Es gibt die Erinnerung an die Straße, die ich gerade entlanggefahren bin, an die Straße, in der ich lebe, es gibt das Wiedererkennen von Leuten und Ereignissen, aber es gibt keinen Prozess des Speicherns, keinen mechanischen Prozess des allmählichen Sammelns, aufgrund dessen Reaktionen entstehen. Wenn ich das Englische oder irgendeine andere Sprache nicht beherrschen würde, könnte ich nicht sprechen. Kommunikation auf der verbalen Ebene ist notwendig, um einander zu verstehen, aber was wirklich wichtig ist, ist was gesagt wird, wie es gesagt wird und von wo aus es gesagt wird. Wenn nun eine Frage gestellt wird und die Antwort die bloße Erwiderung eines Geistes ist, der Erfahrungen und Erinnerungen gespeichert hat, dann ist dies lediglich eine automatische Reaktion und daher keine Regung der Vernunft. Aber wenn es keine Speicherung gibt und daher auch keine automatische Reaktion, dann gibt es weder Frustration noch angestrengtes Bemühen. Der Speicherungsprozess, das Zentrum, um das herum sich Erinnerungen ansammeln, kann mit einem Baum in einem Bach verglichen werden, um dessen Wurzeln herum sich aller möglicher Müll ansammelt. Das Denken, das oben auf dem Baum sitzt, bildet sich ein, es würde denken und leben. Ein solcher Geist kann nur sammeln und ein Geist, der sammelt – gleich ob es sich dabei um Wissen, Geld oder Erfahrungen handelt –, lebt offensichtlich nicht. Nur wenn sich der Geist bewegt, wenn er fließt, dann ist Leben vorhanden.

Ceylon, 1949 – 1950, Seite 91

Es ist das Wesen unseres Geistes, unehrlich, trügerisch und unfähig zu sein, den Tatsachen ins Auge zu sehen. Das ist es, was Probleme verursacht; das ist das eigentliche Problem.

Ceylon, 1949 – 1950, Seite 94

Der Geist ist ein erstaunliches Instrument. Es gibt keine von Menschenhand geschaffene Maschine, die so komplex, so raffiniert und voller unbegrenzter Möglichkeiten ist.

Kommentare über das Leben 2, Seite 240

Der Geist kann niemals wirklich groß sein, denn alles, was groß ist, ist unermesslich.

Kommentare über das Leben 2, Seite 241

Gewalt

Wenn deine Sicherheit bedroht ist, wenn dein Land, deine Ideen, deine Vorstellung von Gott, von Wahrheit, von dem, was sein sollte, und dem, was nicht sein sollte, wenn all diese Konzepte bedroht sind – wodurch du dich völlig verunsichert fühlst –, dann wirst du aggressiv und gewalttätig.

Indien, 1965, Seite 98

Mit Gewalt ist nicht nur körperliche Gewaltanwendung gemeint, sondern auch die ganze psychische Struktur, die auf Gewalt aufgebaut ist. Die ständige Anstrengung, die ständige Anpassung an Strukturen, die ständige Jagd nach Vergnügungen, das Vermeiden von allem, was schmerzt, das Aufgeben der Fähigkeit hinzuschauen und zu beobachten, was ist – all das ist Teil der Gewalt. Aggression, Konkurrenz, der ständige Vergleich zwischen dem, was ist, und dem, was sein sollte –, all das sind zweifellos Formen der Gewalt.

USA, 1966, Seite 6

Gewaltlosigkeit ist für einen Menschen, der gewalttätig ist, unrealistisch. Es ist dringend erforderlich, dass wir die Gewalt verstehen, denn ein Geist, der Gewaltlosigkeit predigt und doch gewalttätig ist, sät lediglich noch mehr Gewalt.

USA, 1966, Seite 59

Der Mensch ist gewalttätig und das Ideal der Gewaltlosigkeit zeugt nur von einem unreifen Umgang mit Gewalt. Es ist wichtig, dass wir die Gewalt anschauen, dass wir sie verstehen und über sie hinausgehen und uns nicht in ein Ideal flüchten, das Gewaltlosigkeit genannt wird, aber keinen Realitätsgehalt besitzt, wie wir in diesem Land und anderswo sehen.

Indien, 1966, Seite 90

Gewohnheit

Gewohnheiten sind mechanisch, und sich ihnen zu widersetzen heißt nur, dem Mechanismus neue Nahrung zu geben, ihm noch mehr Macht zu geben. Aber wenn du dir deinen Geist anschaust und die Entstehung von Gewohnheiten beobachtest, dann wird durch das Verstehen des größeren Zusammenhanges das Kleinere unwichtig und fällt einfach weg.

Kommentare über das Leben 3, Seite 285

Der Geist erschafft Gewohnheiten, um sicher und störungsfrei funktionieren zu können, um Kontinuität zu haben. Erinnerungen sind Gewohnheiten.

Kommentare über das Leben 3, Seite 285

Gier

Ein gieriger Geist ist ein Geist voller Konflikte. Ein gieriger Geist ist immer voller Angst und Neid und auf sein Wachstum und seine Befriedigung bedacht. Ein solcher Geist wechselt ständig die Objekte seiner Begierde und hält diesen steten Wechsel für Wachstum. Ein gieriger Geist, welcher der Welt entsagt, um die Wirklichkeit – Gott – zu suchen, ist immer noch gierig. Gier ist immer unruhig und strebt ständig nach Wachstum und Befriedigung. Diese ruhelose Aktivität erschafft eine arrogante Form von Intelligenz, aber sie ist nicht fähig, das Reale zu verstehen. Gier ist ein komplexes Problem. In einer Welt der Gier ohne Gier zu leben, erfordert ein tiefes Verstehen. In einer Welt, die nach den Prinzipien ökonomischer Aggression und ständiger Ausdehnung organisiert ist, einfach zu leben und seinen Lebensunterhalt auf rechtschaffene Weise zu verdienen, ist nur für diejenigen möglich, die ihren inneren Reichtum entdeckt haben.

Ojai, 1945 – 1946, Seite 103

Die Gier nach Realität ist dasselbe wie die Gier nach Besitz.

Ojai, 1945 – 1946, Seite 114

Glaube

Für einen Menschen, der vollständig lebt und wahrhaft kultiviert ist, ist Glaube unnötig, denn ein solcher Mensch ist kreativ. Er ist wahrhaft kreativ, und diese Kreativität ist nicht das Ergebnis einer Reaktion auf einen Glauben.

Adyar, 1933 – 1934, Seite 29

Ein Mensch, der nach bestimmten Glaubenssätzen lebt, lebt nicht wirklich, denn er ist in seinen Handlungen immer eingeschränkt. Aber für einen Menschen, der – weil er versteht – tatsächlich frei vom Glauben und von der Last des Wissens ist, für den existiert Ekstase, für den existiert die Wahrheit.

Adyar, 1933 – 1934, Seite 83

Der Wunsch zu glauben sollte verstanden und dann beiseite gelegt werden, denn er führt nicht zur Erleuchtung.

Ojai, 1945 – 1946, Seite 72

Zu glauben heißt nicht, religiös zu sein. Auf etwas zu vertrauen, was vom Geist erschaffen wurde, heißt gegenüber der Wirklichkeit nicht offen zu sein.

Ojai, 1945 – 1946, Seite 102 – 103

Der Glaube steht der Wirklichkeit im Weg, und das ist für die meisten von uns eine bittere Pille, die nur schwer zu schlucken ist. Wir wollen gar nicht die Wirklichkeit, wir wollen befriedigt, belohnt werden. Und der Glaube verschafft uns Befriedigung, er beschwichtigt uns.

Ceylon, 1949 – 1950, Seite 23

So wie medizinisches Wissen hilft, körperlichen Schmerz zu vermeiden, so hilft der Glaube, psychischen Schmerz zu vermeiden. Deshalb haben wir Angst, unseren Glauben zu verlieren, obwohl wir letztendlich weder gültiges Wissen noch konkrete Beweise für die Realität unseres Glaubens haben.

Ceylon, 1949 – 1950, Seite 38 – 39

Glück

Glück ist nicht etwas, das wir durch Status, Prestige oder durch irgendwelche Mittel erlangen können. Wir sagen, dass wir glücklich sind, weil wir Geld, Status oder Mittel zur Befriedigung der Sinne haben, aber das ist mit Sicherheit kein Glück. Glück ist ein Seinszustand, in dem es keine Abhängigkeit mehr gibt, denn wann immer Abhängigkeit da ist, taucht auch die Angst auf. Ein Mensch, der ängstlich ist, kann niemals glücklich sein, gleichgültig wie gut er seine Angst auch zu überspielen vermag.

Ceylon, 1949 – 1950, Seite 67

Ein glücklicher Mensch folgt niemandem. Nur die Unglücklichen, die Verwirrten, folgen eifrig anderen, in der Hoffnung, bei ihnen Zuflucht zu finden. Und sie werden Zuflucht finden, aber diese Zuflucht ist ihre Finsternis, ihr Untergang. Nur der Mensch, der versucht herauszufinden, was er selbst ist, wird die Freiheit kennen lernen und damit das Glück.

Ceylon, 1949 – 1950, Seite 68

Glück ist kein Selbstzweck. Es ist einfach da, wenn du verstehst, was ist. Nur wenn der Geist frei von seinen eigenen Projektionen ist, kann es Glück geben. Glück, das gekauft wird, ist lediglich vorübergehende Befriedigung. Glück, das durch Handeln oder durch Macht erlangt wird, ist nur eine temporäre Empfindung. Aber da diese Empfindung schnell abklingt, entsteht das Verlangen nach immer mehr. Solange dieses »immer mehr« das Glück herbeizwingen soll, endet das Bemühen immer in Unzufriedenheit, Konflikt und Elend. Glück hat nichts mit Erinnerung zu tun, Glück ist der Zustand, der sich gemeinsam mit der Wahrheit einstellt. Glück ist immer neu, niemals kontinuierlich.

Kommentare über das Leben 2, Seite 71

Gnade und Vertrauen

Wie soll diese Revolution stattfinden? Da wir dies nicht wissen, sagen wir, dass wir Vertrauen haben müssen oder dass Gnade über uns kommen wird. Das mag tatsächlich so sein. Die Gnade mag tatsächlich über uns kommen. Aber das Vertrauen, das kultiviert wird, ist wiederum nur eine Schöpfung des Geistes und kann daher zerstört werden. Ob die Gnade nun auf uns herabkommt oder nicht, soll nicht unsere Sorge sein. Ein Geist, der nach Gnade strebt, wird sie niemals empfangen.

Europa, 1956, Seite 64

Gott

Aufgrund einer Meinung oder eines Glaubenssatzes kann der Geist die Idee oder das Bild Gottes projizieren, aber dies ist eine Projektion seiner selbst, seines eigenen Geschwätzes. Es ist seine eigene Erfindung und daher nicht Wirklichkeit.

Ceylon, 1949 – 1950, Seite 20

Wenn du Beweise für die Existenz Gottes hast, dann ist das nicht Gott, denn der »Beweis« ist ja dem Geist entsprungen. Wie kann der Geist Gott beweisen oder leugnen? Dein Gott ist eine Projektion deines Geistes, basierend auf deinen Vorlieben und Abneigungen, deinem Glück und Vergnügen oder deiner Angst.

Ceylon, 1949 – 1950, Seite 19 – 20

Ein Mensch, der an Gott glaubt, kann Gott niemals finden. Wenn du offen für die Wirklichkeit bist, kann es keinen Glauben an die Wirklichkeit geben. Wenn du offen für das Unbekannte bist, kann es keinen Glauben daran geben. Schließlich ist Glaube eine Form des Selbstschutzes, und nur ein Kleingeist kann an Gott glauben.

Ceylon, 1949 – 1950, Seite 27

Der Geist ist ein Produkt der Vergangenheit, er ist das Ergebnis des Gewesenen. Wie kann ein solcher Geist offen für das Unbekannte sein? Er kann nur ein Bild projizieren, aber diese Projektion ist nicht real. Deshalb ist dein Gott nicht Gott. Er ist ein Bild, das du selbst erschaffen hast, ein Bild, das deiner eigenen Befriedigung dient.

Ceylon, 1949 – 1950, Seite 27

Weder der Gläubige noch der Ungläubige werden Gott finden, weil die Wirklichkeit das Unbekannte ist, und dein Glaube oder Nichtglaube an das Unbekannte ist lediglich eine Form des Selbstschutzes und somit nicht real.

Ceylon, 1949 – 1950, Seite 74

Gott ist nicht das Wort, und das Wort ist nicht das, was es beschreibt. Um das zu erfahren, was unmessbar und nicht in der Zeit ist, muss der Geist frei von der Zeit sein, was bedeutet, dass der Geist frei von allem Denken sein muss, frei von allen Ideen über Gott.

Ceylon, 1949 – 1950, Seite 75

Solange es ein »Ich« gibt, das etwas erfahren möchte, solange kann die Wirklichkeit nicht erfahren werden. Deshalb muss der Erfahrende – das Wesen, das Gott sucht, an Gott glaubt, Gott anbetet – vollkommen verschwinden. Nur dann kann diese unermessliche Realität zum Vorschein kommen.

Europa, 1956, Seite 68

Um die höchste Realität zu entdecken, die der Mensch seit Abertausenden von Jahren Gott nennt, musst du frei vom Glauben, frei von aller Autorität sein. Nur dann kannst du selbst herausfinden, ob es so etwas wie Gott gibt.

USA, 1966, Seite 41

Gurus

Du brauchst nicht von einem Lehrer, einem Guru, einem Führer zum nächsten zu gehen, da alle Dinge in dir sind – Anfang wie Ende.

Ojai, 1945 – 1946, Seite 112

Wenn wir uns aus unserer Verwirrtheit heraus einen Guru suchen, dann muss dieser Guru ebenfalls verwirrt sein, denn sonst würden wir uns nicht für ihn entscheiden. Es ist unumgänglich, dass du dich selbst verstehst, und ein Guru, der dieses Namens würdig ist, muss dir das so offen sagen. Aber für die meisten von uns ist das einfach zu anstrengend, wir wollen schnelle Hilfe, ein Zaubermittel, das alle Probleme löst. Deshalb wenden wir uns an einen Guru, der uns eine Pille gibt, die uns zufrieden stellt. Wir suchen nicht nach der Wahrheit, sondern nach Trost. Und ein Mensch, der uns Trost spendet, versklavt uns.

Ceylon, 1949 – 1950, Seite 5

Um einen Weg zu finden, anders zu leben, musst du das Problem verstehen, tief darin eintauchen, es untersuchen, deine ganze Kraft, dein Herz und deinen Verstand, alles, was du hast, hineingeben. Alles hängt von dir ab und nicht von irgendjemand anderem, denn hier kann es keinen Lehrer und keinen Schüler, keinen Führer, keinen Guru, keinen Meister und keinen Erlöser geben. Du selbst bist Lehrer und Schüler, du bist der Meister, du bist der Guru, du bist der Führer, du bist alles.

USA, 1966, Seite 73

Handeln

Wenn du dein Handeln hinterfragst und analysierst, machst du jedes Handeln unmöglich. Aber wenn du bewusst bist, wenn du ganz dabei bist, wenn du dein ganzes Herz und deine ganze Seele hineinlegst, dann wird die Handlung offenbaren, ob du durch sie Behaglichkeit und Sicherheit erlangen willst oder das unendliche Verständnis, das die ewige Bewegung des Lebens ist.

Adyar, 1933 – 1934, Seite 35

Du kannst eine Handlung nicht verstehen, nachdem sie stattgefunden hat, da dies Selbstanalyse wäre, sondern nur im Augenblick des Handelns selbst. Du kannst nur während des Handelns vollkommen bewusst sein.

Adyar, 1933 – 1934, Seite 84

Es kann keine Transformierung der Welt, keine Revolution, geben, solange Handeln auf Ideen beruht. Dann ist jedes Agieren lediglich ein Reagieren und Ideen sind letztlich wichtiger als das Handeln. Ist das nicht genau das, was heute auf der Welt vor sich geht? Um handeln zu können, müssen wir herausfinden, was dem Handeln entgegensteht. Aber die meisten von uns wollen gar nicht handeln, das ist unser Problem. Wir ziehen es vor zu diskutieren, wir ziehen es vor, eine Ideologie durch eine andere zu ersetzen. So weichen wir dem Handeln durch Ideologie aus.

Ceylon, 1949 – 1950, Seite 10

Nur wenn der Geist frei von allen Ideen und allen Glaubenssätzen ist, kann er richtig handeln.

Ceylon, 1949 – 1950, Seite 10

Solange Handeln das Ergebnis der Vergangenheit ist, kann es niemals frei sein. Aber nur in Freiheit kann man herausfinden, was wahr ist. Wenn der Geist nicht frei ist, kann er nicht agieren, er kann nur reagieren. So wird das Reagieren die Grundlage unseres Handelns.

Ceylon, 1949 – 1950, Seite 25

Wenn der Geist frei von aller Aktivität ist, kann er handeln. Dieses Handeln hat keine Ursache. Nur dann stellt sich auch das Glück ein.

Kommentare über das Leben 1, Seite 242

Es ist nicht so, dass zuerst das Verstehen kommt und dann das Handeln. Wenn du verstehst, dann ist dieses Verstehen bereits Handeln.

Indien, 1965, Seite 102

Sehen heißt handeln. Aber wenn jemand nicht klar sieht, dann wird jedes Handeln natürlicherweise konfus. Und dann gehen wir zu jemand anderem, damit er uns sagt, was wir tun sollen, weil wir nicht selbst klar und präzise erkennen können, was zu tun ist. Und so benötigen wir unser ganzes Leben lang andere, damit sie uns helfen, klarer zu sehen.

Indien, 1966, Seite 6

Wenn du mit deinem ganzen Wesen vollkommen aufmerksam bist, dann findet in diesem Zustand augenblicklich Handeln statt.

USA, 1966, Seite 26

Heilige Schriften

Warum willst du die Bücher anderer lesen, wenn es dein eigenes Buch gibt?

Ceylon, 1949 – 1950, Seite 26

Ein Mensch, der zitiert, ist ein denkfauler Mensch, weil er einfach nur wiederholt, was ein anderer bereits gesagt hat. Wenn ihr keine Bücher hättet, keine Bhagavadgita, keinen Schankara, was würdet ihr dann tun? Ihr müsstet selbst die Reise ins Unbekannte antreten, ihr müsstet euch allein auf den Weg machen. Wenn du etwas entdeckst, dann gehört es wirklich dir, dann brauchst du keine Bücher mehr. Ich habe weder die Bhagavadgita noch andere religiöse, psychologische oder philosophische Bücher gelesen, aber ich habe etwas entdeckt. Diese Entdeckung kann nur in Freiheit geschehen, nicht durch Wiederholung.

Ceylon, 1949 – 1950, Seite 26

Das Hauptproblem unserer modernen Zivilisation ist, dass wir wie Papageien sind, die einfach das nachplappern, was in Büchern steht – gleich ob es sich dabei um den Koran, die Bibel oder sonst etwas handelt. Ganz gewiss ist ein Geist, der etwas nachplappert, nicht wirklich daran interessiert zu verstehen, denn er ist nicht fähig, Unsicherheit zu ertragen. Aber Unsicherheit ist notwendig, wenn man etwas herausfinden will.

Ceylon, 1949 – 1950, Seite 22

Ich bin mir sicher, dass es in grauer Vorzeit, bevor es Bücher gab, bevor es Jünger, Lehrer und Gurus gab, die ursprünglichen Entdecker gab, die niemals ein Buch gelesen hatten. Weil es keine Bhagavadgita, keine Bibel, ja überhaupt keine Bücher gab, mussten sie alles selbst herausfinden oder etwa nicht? Und wie machten sie das? Offensichtlich kannten sie weder das Verlangen nach Zustimmung noch zitierten sie dümmlich die Worte anderer Menschen. Sie suchten selbst nach der Wahrheit und sie fanden sie an den heiligen Orten ihres eigenen Geistes und Herzens. Sicherlich können auch wir die Wahrheit an den heiligen Orten unseres Geistes und Herzens finden.

Ceylon, 1949 – 1950, Seite 59 – 60

Ich versichere euch, dass es kein heiliges Buch gibt. Wie bei einer Zeitung besteht es nur aus Worten, die auf Papier gedruckt sind, und daran ist nichts Heiliges.

Ceylon, 1949 – 1950, Seite 78

Ideale

Ein Ideal ist eine Flucht vor dem, was du bist.

Ceylon, 1949 – 1950, Seite 21

Alle Ideale und Modelle eines perfekten Utopia werden niemals die radikale Veränderung des Herzens hervorbringen, die notwendig ist, um Krieg und weltweite Zerstörung jemals zu beenden. Ideale können unsere heutigen Werte nicht verändern. Diese können nur durch die richtige Erziehung geändert werden, und das bedeutet, ein Verständnis dessen zu fördern, was ist.

Erziehung und die Bedeutung des Lebens, Seite 21

Ein Ideal ist nichts weiter als eine Verzögerungstaktik, eine Ausrede, um ja keine wirklichen Veränderungen vornehmen zu müssen. Solange wir ein Ideal haben, existiert immer der Konflikt zwischen dem, was ist, und dem, was sein sollte. Wir verwenden einen großen Teil unserer Energie auf diesen inneren Konflikt, durch den wir grundlegende Veränderungen zu erreichen hoffen. Wenn wir neidisch sind, errichten wir das Ideal des Nichtneides in der Hoffnung, so den Geist von seinem Neid zu befreien. Aber wenn du dir diesen ganzen Prozess genau anschaust, wirst du sehen, dass das Ideal in Wirklichkeit verhindert, dass du verstehst, was ist – in diesem Fall Neid. Das Ideal ist also nicht wichtig, es ist ein Hindernis, das wir völlig beiseite räumen sollten.

Europa, 1956, Seite 12 – 13

Ein Ideal ist reine, vom Ego fabrizierte Phantasie. Das Ideal zu verwirklichen ist eine Flucht vor dem, was tatsächlich ist.

Kommentare über das Leben 2, Seite 6

Individualität

Du bist das Ergebnis deiner vergangenen und gegenwärtigen Umwelt. Was du ausdrückst und was du Individualität oder Selbstausdruck nennst, ist nichts weiter als der Ausdruck deiner dich formenden Umwelt. Für mich ist der wahre Ausdruck der Individualität jene Intelligenz, die erweckt wird, wenn der Geist von der Konditionierung seiner vergangenen und gegenwärtigen Umwelt befreit ist.

New York City, 1935, Seite 9

Innere Ruhe

Wenn du bestimmte Worte wiederholst, wird dein Geist ganz ruhig. Wenn du bestimmte Haltungen einnimmst, auf bestimmte Weise atmest und den Geist bezwingst, kannst du offensichtlich die Aktivität des Geistes verringern. Durch verschiedene Tricks, durch Disziplin, Zwang und Konformität wird der Geist zur Ruhe gebracht, aber wenn der Geist zur Ruhe gebracht werden muss, ist er dann wirklich ruhig?

Indien, 1949 – 1950, Seite 64

Wenn der Geist künstlich zur Ruhe gebracht wird, ist die obere Schicht des Geistes nicht nur in der Lage, Mitteilungen von seinem eigenen Unbewussten zu erhalten, sondern auch vom kollektiven Unbewussten. Diese Mitteilungen werden dann gemäß der Konditionierung des Geistes übersetzt. So kann ein Hitler sagen, dass er in seinem Tun von Gott geführt wird, und jemand in Indien kann sagen, dass Gott für jeden etwas anderes bedeutet. Dies ist ein einfacher psychologischer Vorgang, den du selbst beobachten kannst, wenn du deinem eigenen Geist bei seinen Aktivitäten zuschaust und siehst, wie er sich selbst hypnotisiert und zur Ruhe bringt. Wenn also der Geist durch Konzentration und Konformität, durch jede Art von Disziplin oder Selbsthypnose zur Ruhe gezwungen wird, kann er die Realität offensichtlich nicht mehr entdecken. Er kann sich selbst projizieren und seine eigene hässliche Stimme hören, die wir dann als Stimme Gottes bezeichnen, aber das unterscheidet sich völlig von einem Geist, der wirklich still und ruhig ist.

Indien, 1949 – 1950, Seite 64

So wie die Oberfläche eines Teiches ganz ruhig und still wird, wenn der Wind aufhört zu wehen, so kommt auch der Geist zur Ruhe, wenn er keine Probleme mehr verursacht.

Indien, 1949 – 1950, Seite 65

Ein ruhiger Geist ist kein konditionierter Geist mehr, er wurde nicht diszipliniert oder dazu gezwungen, ruhig zu sein. Innere Ruhe stellt sich nur dann ein, wenn der Geist sein eigenes Wesen versteht, welches das Wesen des Selbst ist.

Erziehung und die Bedeutung des Lebens, Seite 39

Inspiration

Ist dir schon einmal aufgefallen, dass sich Inspiration genau dann einstellt, wenn du nicht nach ihr suchst? Sie kommt, wenn alle Erwartungen aufgegeben wurden, wenn das Geist-Herz still ist.

Ojai, 1945 – 1946, Seite 34

Der Geist besitzt die Macht, Illusionen zu erschaffen. Ohne ein Verständnis seines Funktionierens nach Inspiration zu suchen, hieße Selbsttäuschung einzuladen. Die Inspiration kommt, wenn wir offen dafür sind, und nicht, wenn wir uns um sie bemühen. Zu versuchen, Inspiration durch alle möglichen Mittel zu erlangen, führt zu allen möglichen Formen der Selbsttäuschung.

Erziehung und die Bedeutung des Lebens, Seite 121

Warum suchen wir nach Inspiration? Da unser Leben leer, stumpfsinnig und mechanisch ist, suchen wir nach Inspiration außerhalb unserer selbst. Dann wird der Meister, der Heilige, der Erlöser eine Notwendigkeit – eine Notwendigkeit, die uns versklavt. Da du ein Sklave bist, musst du dich von deinen Ketten befreien, um das Reale zu entdecken, denn das Reale kann nur in Freiheit erfahren werden. Weil du nicht an Selbsterkenntnis interessiert bist, suchst du Inspiration bei anderen, was nur wieder eine Form der Ablenkung ist. Selbsterkenntnis ist ein Prozess schöpferischen Entdeckens, der behindert wird, wenn die Gedanken-Gefühle auf eine Belohnung aus sind. Gier nach einem Ergebnis verhindert das Erblühen der Selbsterkenntnis. Die Suche an sich ist Hingabe, sie selbst ist die Inspiration.

Ojai, 1945 – 1946, Seite 77

Intelligenz

Der innere Kern der Intelligenz besteht darin, das Leben oder die Erfahrungen mit einem unbeschwerten Geist und Herz zu verstehen – immer wieder neu, immer wieder frisch.

New York City, 1935, Seite 24

Nur wenn wir die Erfahrungen so annehmen, wie sie sind, und nicht versuchen, Störungen unseres inneren Gleichgewichts zu vermeiden, halten wir unsere Intelligenz am Leben. Intelligenz, die voll erwacht ist, ist Intuition, und Intuition ist die einzig wahre Führung im Leben.

Erziehung und die Bedeutung des Lebens, Seite 11

Es gibt einen Unterschied zwischen Intellekt und Intelligenz. Das Wort Intellekt bezeichnet das von Gefühlen unabhängige Denken, während Intelligenz die Fähigkeit bezeichnet, Vernunft und Gefühl miteinander zu verbinden. Solange wir nicht intelligent leben, sondern nur intellektuell oder emotional, kann uns kein politisches oder pädagogisches System der Welt vor Chaos und Zerstörung retten.

Erziehung und die Bedeutung des Lebens, Seite 63 – 64

Intelligenz ist etwas weit Größeres als der Intellekt, denn sie ist die Integration von Vernunft und Liebe. Aber Intelligenz kann es nur geben, wenn Selbsterkenntnis vorhanden ist, dieses tiefe Verstehen des Gesamtprozesses des eigenen Selbst.

Erziehung und die Bedeutung des Lebens, Seite 65

Intelligenz ist jenes spontane Wahrnehmen, das einen Menschen stark und frei macht.

Erziehung und die Bedeutung des Lebens, Seite 103

Intelligenz bezeichnet nicht das Anhäufen von Erfahrung und Wissen, Intelligenz ist die höchste Form der Sensibilität. Gegenüber allem sensibel zu sein heißt, intelligent zu sein gleich ob es sich dabei um Sensibilität gegenüber den Vögeln, dem Schmutz, der Armut, der Schönheit eines Baumes oder eines Gesichtes, dem Sonnenuntergang, den Farben oder dem Fallen der Blätter, einem sich emporschwingenden Vogel, dem Lächeln eines Kindes, den Tränen, dem Gelächter oder dem Schmerz, der Agonie, der Verzweiflung und dem Elend eines Menschen handelt.

Indien, 1965, Seite 23

Karma

Ursache und Wirkung sind nicht voneinander zu trennen, denn in der Ursache ist schon die Wirkung enthalten. Sich der Ursache-Wirkung eines Problems bewusst zu sein, erfordert große Flexibilität des Geist-Herzens, da sich die Ursache-Wirkung ständig verändert. Was gestern einmal eine Ursache-Wirkung war, mag sich heute verändert haben, und für ein wahres Verstehen ist es absolut notwendig, sich dieser Veränderung bewusst zu sein. Der sich stetig wandelnden Ursache-Wirkung zu folgen, ist anstrengend, denn der Geist klammert sich an das, was einmal Ursache-Wirkung war. Er sucht seine Zuflucht in vergangenen Schlussfolgerungen und bindet sich so an die Vergangenheit. Es ist notwendig, sich dieser auf vergangener Ursache-Wirkung beruhenden Konditionierung bewusst zu werden. Sie ist nicht statisch, aber der Geist ist es, wenn er sich an einer Ursache-Wirkung festhält, die in der Spanne eines Augenblicks vorbei ist. Karma ist dieses Gebundensein an Ursache-Wirkung. Da das Denken selbst das Ergebnis vieler Ursachen-Wirkungen ist, muss es sich von seinen eigenen Fesseln befreien.

Ojai, 1945 – 1946, Seite 62

Karma ist ein zeitlicher Prozess – ein Prozess der Vergangenheit, die sich durch die Gegenwart in die Zukunft fortpflanzt. Diese Kette entsteht durch das Denken. Das Denken ist das Ergebnis der Zeit, und das, was zeitlos und unermesslich ist, stellt sich nur dann ein, wenn der Gedankenprozess vollständig aufhört.

Kommentare über das Leben 2, Seite 80

Karma ist keine ewig bindende Kette, es ist eine Kette, die jederzeit durchbrochen werden kann. Was gestern getan wurde, kann heute aufgehoben werden, es gibt keine ständige Kontinuität von irgendetwas. Kontinuität kann und muss durch das Verstehen ihres Prozesses aufgehoben werden.

Kommentare über das Leben 3, Seite 280

Konditionierung

Auch wenn man noch so intelligent und clever argumentiert, so geschieht dieses Argumentieren doch immer vor dem Hintergrund einer speziellen Konditionierung.

Europa, 1956, Seite 40

Unsere gesamte Konditionierung kann zerbrochen werden, und zwar nicht Stückchen für Stückchen, was Zeit braucht, sondern sofort, indem man die Wahrheit direkt wahrnimmt. Die Wahrheit macht frei, nicht Zeit oder deine Absicht, frei zu werden.

Europa, 1956, Seite 41

Zu behaupten, dass der Geist von seinen Konditionierungen frei sein könnte – oder dass er dies nicht könnte –, ist immer noch Teil der Konditionierung. Aber die Konditionierung zu beobachten, ohne das eine oder das andere zu sagen, fördert die Bewusstheit – die Bewusstheit des gesamten Denkprozesses.

Europa, 1956, Seite 54

Um selbst herauszufinden, was wahr ist, muss jede Beeinflussung aufhören. Es gibt keine »gute« Konditionierung oder »schlechte« Konditionierung, es gibt nur Freiheit von jeder Konditionierung.

Europa, 1956, Seite 104

Da du in einer bestimmten Gesellschaft aufgewachsen und gemäß einer bestimmten Ideologie mit ihren Dogmen und Traditionen erzogen worden bist, ist dein Geist konditioniert. Und jeder Versuch des Geistes, sich zu befreien, führt, da dieser Versuch das Ergebnis der Konditionierung ist, nur zu weiterer Konditionierung.

Europa, 1956, Seite 111

Konflikt

Ein Geist, der sich im Konflikt befindet und diesen Konflikt ansieht, ohne zu versuchen, ihn aufgrund bestimmter Wertvorstellungen zu interpretieren, erlangt vollkommene Bewusstheit. Dann werden dieser Geist und dieses Herz in das Glück des Augenblicks hinein zur Wirklichkeit des Lebens erwachen.

New York City, 1935, Seite 24

Gelegentlich kommt es vor, dass sich in der Stille nach dem Sturm von Konflikt und Schmerz unaussprechliche Schönheit und Glück einstellen. Das ist aber nicht die Folge des Sturms, sondern die der Beendigung des Konfliktes.

Ojai, 1945 – 1946, Seite 53

Ein Geist, der sich im Konflikt befindet, ist ein destruktiver, ein ineffizienter Geist. Solange Konflikt vorhanden ist, kann es kein Verstehen geben. Konflikte werden aber nicht durch Sanktionen, durch Glaubenssätze oder Disziplin beendet, das Wesen des Konfliktes selbst muss verstanden werden.

Ceylon, 1949 – 1950, Seite 22

Konflikt ist nichts weiter als das Leugnen dessen, was ist, oder das Davonlaufen vor dem, was ist. Einen anderen Konflikt gibt es nicht. Unser innerer Konflikt wird immer komplexer und unlösbarer, weil wir uns weigern, uns dem zu stellen, was ist.

Kommentare über das Leben 1, Seite 217

Das religiöse Leben ist ein Leben ohne Reibung. Der religiöse Geist ist ein Geist ohne Reibung und ohne Konflikt. Wenn ein solcher Geist handelt, dann hat er jedes Problem gelöst, dann hat er kein Problem.

Indien, 1965, Seite 10

Du kannst ein Leben ohne Konflikte führen. Das heißt aber nicht, dass du dafür ein sabbernder Idiot werden musst. Im Gegenteil: Der Geist wird dann auf das Höchste bewusst, intelligent, voller Energie und Leidenschaft. Es ist ja gerade der Konflikt, der das Hervorkommen dieser Intelligenz verhindert.

USA, 1966, Seite 33

Konzentration

Jedes Kind kann sich konzentrieren. Gib ihm ein neues Spielzeug und es wird ganz konzentriert bei der Sache sein. Jeder Geschäftsmann kann sich konzentrieren, wenn er Geld verdienen will. Die Konzentration, die wir für die Meditation zu brauchen glauben, ist nichts anderes als Einengung, ein Prozess des Einschränkens und Ausschließens.

Europa, 1956, Seite 104

Die Idee, dass du abgelenkt werden kannst, obwohl du dich doch eigentlich konzentrieren wolltest, beinhaltet, dass du dich dem widersetzt, was du Ablenkung nennst. Tatsächlich gibt es so etwas wie Ablenkung aber nicht. Wenn deine Gedanken abschweifen, dann richte deine ganze Aufmerksamkeit auf diese abschweifenden Gedanken, aber nenne sie nicht Ablenkung.

Indien, 1966, Seite 30

Wenn wir versuchen, uns zu konzentrieren, werden widersprüchliche Gedanken-Gefühle entweder unterdrückt, verdrängt oder beiseite geschoben. Aber auf diese Weise kann niemals wahres Verständnis erlangt werden. Konzentration geschieht immer auf Kosten einer höheren Bewusstheit. Wenn der Geist klein und begrenzt ist, wird er durch Konzentration nicht weniger klein und begrenzt sein. Im Gegenteil: Sein Wesen wird auf diese Weise noch verstärkt. Eine solche beschränkte Konzentration macht das Geist-Herz nicht offen für die Wirklichkeit, sie verhärtet das Geist-Herz, macht es nur noch verbohrter und dümmer und verewigt so den Abkapselungsprozess des Selbst.

Ojai, 1945 – 1946, Seite 52

Konzepte

Solange du noch Konzepte hast, siehst du niemals die Wahrheit.

USA, 1966, Seite 87

Krankheit

Wenn wir organisch erkrankt sind, dann lasst uns mit dieser Tatsache wie mit allem Mechanischen auf die bestmögliche Weise umgehen. Aber unsere psychischen Selbsttäuschungen, Spannungen, Konflikte und unsere mangelnde Anpassungsfähigkeit rufen größeres Elend hervor, als dies organische Erkrankungen tun. Wir versuchen Symptome zu kurieren statt die Ursache. Die Ursache aber liegt auf der sinnlichen Ebene. Da die Sinne nie vollständig befriedigt werden können, entstehen immer größere Unruhe, Spannung, Angst und so weiter. Eine solche Lebensweise muss ihren Höhepunkt zwangsläufig in geistiger und körperlicher Krankheit oder im Krieg finden.

Ojai, 1945 – 1946, Seite 54

Krieg

Der Krieg ist eine der größten Katastrophen. Von allen Dingen ist es das Böseste überhaupt, ein anderes Wesen zu töten. Wenn du einmal dieses Böse in dein Herz gelassen hast, dann zieht es unzähliges Unglück nach sich. Du regst dich über jene auf, die im Krieg besondere Grausamkeiten begehen, aber nicht über den Krieg an sich. Du bist dafür verantwortlich, dass es Kriege gibt. Du hast sie durch deine tägliche Gier, Böswilligkeit und Leidenschaft verursacht. Jeder Einzelne von uns hat diese unbarmherzige Wettbewerbsgesellschaft mit aufgebaut, in der ein Mensch gegen den anderen steht. Du willst die Ursachen des Krieges und der Barbarei bei anderen beseitigen, während du selbst ihnen weiterhin frönst. Das ist nichts als Heuchelei und führt nur zu mehr Krieg.

Ojai, 1945 – 1946, Seite 10

Du wirst vielleicht nicht in der Lage sein, den dritten Weltkrieg zu verhindern, aber du kannst dein Herz und deinen Geist von aller Gewalttätigkeit befreien und von allem, was Feindschaft erzeugt und Liebe verhindert. Dann wird es in dieser dunklen Zeit einige Menschen geben, die reinen Herzens und Geistes sind. Und aus diesen wenigen mag vielleicht eine Kultur hervorgehen, die dieses Namens würdig ist.

Ojai, 1945 – 1946, Seite 15

Krieg ist nichts weiter als die spektakuläre und besonders blutige Projektion unseres täglichen Lebens. Wir legen das Fundament zum Krieg in unserem täglichen Leben, und ohne eine Transformation in uns selbst muss es zwangsläufig nationale und ethnische Gegensätze, das kindische Streiten über Ideologien, das Anwachsen der Armeen, das Salutieren vor der Flagge und all jene Brutalitäten geben, aus denen der organisierte Massenmord entsteht.

Erziehung und die Bedeutung des Lebens, Seite 77

Es hat Religionskriege gegeben, die gerechte Kriege genannt wurden. Wie aber kann ein Krieg gerecht sein? Wie kann es gerecht sein, einen anderen zu töten? Unser tägliches Leben mit seinem Hass, seinem Konkurrenzdenken, seinem Antagonismus, seinem Ehrgeiz, seinem Hunger nach Macht, Status und Prestige erzeugt Krieg. Krieg als organisierte Gewalttätigkeit ist die Essenz aller Unordnung.

Indien, 1965, Seite 97

Kriege sind unvermeidbar, solange die Menschen innerhalb der Grenzen ihrer Ideologien leben.

Indien, 1966, Seite 7

Der Krieg ist der höchste Ausdruck des inneren Konflikts. Überall herrscht ständig Krieg: im Geschäftsleben, in der Politik, in der Welt der religiösen Menschen, zwischen den verschiedenen Gurus, den unterschiedlichen Sekten, den verschiedenen Dogmen.

Indien, 1966, Seite 15

Kultur

Kultur ist universell. Wahre Kultur ist unbegrenzt, sie gehört keiner Gesellschaft, keiner Nation und keiner Religion. Ein wahrer Künstler ist weder Hindu noch Christ, Amerikaner oder Engländer, denn ein Künstler, der durch die Tradition oder den Nationalismus konditioniert wurde, ist kein wahrer Künstler.

Adyar, 1933 – 1934, Seite 28

Leere

Das Leeren des Geistes ist kein langsamer Prozess, aber der Versuch, ihn zu leeren, stellt ein Hindernis dar.

Ceylon, 1949 – 1950, Seite 35

Um deine eigene Leerheit zu erkennen, musst du sie anschauen. Aber du kannst sie nicht anschauen, wenn dein Geist ständig nach etwas sucht, das ihn von der Tatsache ablenken soll, dass er seinem Wesen nach leer ist.

Europa, 1956, Seite 53

Ist es möglich, dein gesamtes Bewusstsein zu leeren? Deinen Geist von all seinen Tricks und Eitelkeiten zu leeren, von seinen Täuschungen, Interessen, Moralvorstellungen und dem ganzen Kram, dessen Grundlage immer das sinnliche Vergnügen ist? Ist es möglich, vollkommen frei von allem zu werden und den Geist so zu leeren, dass er völlig anders sehen, handeln und leben kann? Ich behaupte, dass dies möglich ist, aber nicht aus Eitelkeit oder irgendeinem abergläubischen, mystischen Hokuspokus. Es ist dann möglich, wenn sich die Erkenntnis einstellt, dass der Beobachter, das Zentrum, das Beobachtete ist.

USA, 1966, Seite 7

Nur wenn ein Becher leer ist, kann er gefüllt werden. Nur wenn Geist und Herz vollkommen leer sind, können sie verstehen. Nur dann können sie leben. So vollkommen leer zu sein, ist nichts Negatives. Im Gegenteil: Es ist die höchste Form von Intelligenz. Es ist die höchste Form der Liebe, so vollkommen leer zu sein, dass es nicht einen Hauch von Erinnerung gibt, kein Wort und keine Schlussfolgerung, welche die Wahrnehmung verzerren könnten.

USA, 1966, Seite 74

Wenn der Geist vollkommen leer und still ist, kann er sich selbst ohne äußeren Druck oder äußere Umstände erneuern. Dann ist er klar und ursprünglich und voll von einem Glück, das nichts mit sinnlicher Freude zu tun hat.

Indien, 1966, Seite 103

Leiden

Solange ich mich selbst und die Wege und Zwänge meines Geistes – unbewusste wie bewusste – nicht kenne, muss es Leiden geben. Schließlich leiden wir ja aufgrund unserer Unwissenheit. Wir leiden, weil wir uns selbst nicht kennen.

Europa, 1956, Seite 103

Lernen

Einem Geist, der lernt, steht der Himmel offen.

Kommentare über das Leben 3, Seite 247

Du kannst nur lernen, wenn du zuhörst. Zuhören ist aber ein Akt der Stille. Nur der Geist, der ganz still, aber gleichzeitig sehr aktiv ist, kann lernen.

Indien, 1965, Seite 11

Der Lernprozess geht unablässig bis in alle Ewigkeit vor sich. Aber wenn du etwas gelernt hast und dem das hinzufügst, was du gerade lernst, dann hört das Lernen auf.

Indien, 1966, Seite 23

Liebe

Liebe hat keine Beweggründe, sie ist ihre eigene Ewigkeit.

Ojai, 1945 – 1946, Seite 57

Wenn du beobachtest, was unsere Beziehungen so langweilig macht, dann siehst du, dass es das Denken ist: denken, denken, denken, abwägen, urteilen und anpassen. Das Einzige, was uns davon befreien kann, ist Liebe, die nichts mit dem Denken zu tun hat. Du kannst nicht über die Liebe nachdenken. Du kannst über den Menschen nachdenken, den du liebst, aber über die Liebe selbst kannst du nicht nachdenken.

Benares, 1949, Seite 18

Wir werden die Liebe erst dann kennen, wenn Eifersucht, Neid, Besitzdenken und Herrschsucht enden. Solange wir besitzen wollen, werden wir niemals lieben.

Ceylon, 1949 – 1950, Seite 97

Liebe ist weder persönlich noch unpersönlich, sie ist einfach Liebe. Sie kennt keine Grenzen, keine Schichtzugehörigkeit oder Rasse. Ein Mensch, der liebt, ist ein Revolutionär; nur er allein verdient den Namen Revolutionär.

Benares, 1949, Seite 18

Eifersucht, Neid, Ehrgeiz und der Wunsch, jemand zu sein und Erfolg zu haben: Dies alles entspringt dem Geist. All diese Dinge, die ihren Ursprung im Geist haben, erfüllen unser Herz, und trotzdem sagen wir, wir lieben. Aber wie können wir lieben, wenn wir alle diese verwirrenden Elemente in uns haben? Solange Rauch da ist, wie kann es da die reine Flamme geben? Liebe entspringt nicht dem Geist, und Liebe ist die einzige Lösung für unsere Probleme.

Ceylon, 1949 – 1950, Seite 98

Nur wenn du die Dinge des Geistes beiseite tust, nur wenn dein Herz von den Dingen des Geistes leer ist, dann ist Liebe da. Dann wirst du wissen, wie es ist, ohne Trennung, ohne Distanz, ohne Zeit und ohne Angst zu lieben und diese Liebe nicht nur auf einige Wenige zu beschränken. Liebe kennt keine Hierarchien, sie ist einfach da. Die vielen anderen und den einen, diese Exklusivität, die gibt es nur, wenn du nicht liebst. Wenn du liebst, dann gibt es weder »du« noch »ich«. In diesem Zustand existiert nur noch die Flamme ohne den Rauch.

Ceylon, 1949 – 1950, Seite 98

Ein Mensch, der ein Atom spalten kann, aber in seinem Herzen keine Liebe hat, wird zu einem Monster.

Erziehung und die Bedeutung des Lebens, Seite 19

Ohne Liebe kannst du die Vergangenheit nicht auslöschen. Mit Liebe existiert gar keine Vergangenheit.

Kommentare über das Leben 1, Seite 146

Handeln aus Liebe hat kein Motiv. Jede andere Handlung hat eines.

Kommentare über das Leben 3, Seite 60

Mit Liebe ist alles möglich.

Kommentare über das Leben 3, Seite 155

Das Gefühl von Zuneigung, von Liebe, kann nicht kultiviert oder geübt werden. Es kann durch nichts erreicht werden, es muss sich so natürlich einstellen wie die Atmung, so voller Freude und Entzücken sein wie ein Sonnenuntergang.

Indien, 1965, Seite 36

Lieben heißt, jeden Tag zu sterben. Liebe ist nicht Erinnern, Liebe ist nicht Denken. Liebe ist nichts, das eine Kontinuität durch die Zeit hat. Durch Beobachten muss man in die Kontinuität aller Dinge hineinsterben. Dann ist Liebe da und mit der Liebe kommt die Schöpfung.

Indien, 1965, Seite 48

Wenn du keine Liebe hast, kannst du tun, was du willst: Du kannst alle Götter dieser Erde verehren, sozial oder politisch aktiv sein, Reformen für die Armen durchsetzen, Bücher oder Gedichte schreiben, du wirst trotzdem tot sein. Ohne Liebe nehmen deine Probleme immer mehr zu und vervielfachen sich endlos. Aber mit Liebe kannst du tun, was immer du willst. Dann gibt es keine Gefahren, keine Konflikte. Dann ist die Liebe die Grundlage deiner Tugend. Ein Geist, der sich nicht im Zustand der Liebe befindet, kann kein religiöser Geist sein.

Indien, 1965, Seite 73

Was bedeutet es, jemanden oder etwas zu lieben? Ein Tier, einen Menschen, einen Baum, den Himmel oder die Weite zu lieben? Es hat doch sicherlich nichts mit Denken zu tun, nicht mit der Reaktion der Erinnerung, sondern drückt eine Intensität der Beziehung zu einem Individuum oder einem Ding aus. Dann findet Kommunikation statt: nicht verbale, nicht intellektuelle, unsentimentale Kommunikation. Liebe ist nicht sentimental, Liebe ist nicht emotional, Liebe ist nicht Ergebenheit.

Indien, 1966, Seite 28

Mantren

Das Wiederholen von heiligen Gesängen, Worten oder Phrasen schläfert den Geist langfristig ein, auch wenn es ihn im Augenblick stimulieren mag. In diesem schläfrigen Zustand finden zwar bestimmte Erlebnisse statt, aber diese haben ihren Ursprung in dir selbst. So befriedigend sie auch sein mögen, sie sind dennoch Illusionen. Das Erleben der Realität stellt sich nicht durch Wiederholung oder bestimmte Übungen ein.

Kommentare über das Leben 1, Seite 24 – 25

Was heute überall auf der Welt gemacht wird – Worte wiederholen, in einer bestimmten Haltung sitzen, auf bestimmte Weise atmen, ein Mantra aufsagen –, ist nicht Meditation. Diese Praktiken machen den Geist dumm und stumpfen ihn ab. Und wenn der Geist aufgrund dieser Dummheit und Dumpfheit ruhig geworden ist, dann denkst du, du hättest innere Stille erlangt. Aber diese Art von Meditation ist nichts weiter als Selbsthypnose. Sie ist die zerstörerischste Form der Meditation überhaupt.

Indien, 1966, Seite 113

Meditation

Meditation sollte nicht nur periodisch stattfinden, sondern ständig andauern – auch im Schlaf. Im Schlaf kann das Denken aufgrund der meditativen Bewusstheit während des Wachzustandes Tiefen erreichen, die von großer Bedeutung sind. Selbst im Schlaf sollte die Meditation weitergehen.

Ojai, 1945 – 1946, Seite 68

Meditation dient nicht dazu, die Persönlichkeit zu verfeinern. Durch Selbsterkenntnis hört der Meditierende, der Werdende, auf zu sein.

Ojai, 1945 – 1946, Seite 75

Meditation läutert den Geist von allem, was er angehäuft hat. Sie zerstört seine Fähigkeit anzusammeln, zu benennen, zu werden. Sie zerstört sein Wachstum und seine Selbstverwirklichung. Meditation befreit den Geist von der Erinnerung, von der Zeit.

Ojai, 1945 – 1946, Seite 115

Nur wenn der Meditierende sich selbst versteht und aufhört zu sein, tritt Meditation ein. Das Ende des Meditierenden ist Meditation.

Ceylon, 1949 – 1950, Seite 29

Meditation ist jene Stille, die eintritt, wenn der Meditierende und seine geistigen Prozesse verstanden worden sind. Diese Stille ist unerschöpflich; sie ist nicht der Zeit unterworfen und daher unermesslich. Nur der Meditierende vergleicht, urteilt und misst, aber wenn niemand mehr da ist, der misst, dann ist das Unermessliche da.

Ceylon, 1949 – 1950, Seite 29

Ohne Meditation hat das Leben keinen Duft, keine Schönheit, keine Liebe.

Europa, 1956, Seite 104

Wenn Meditation absichtsvoll ausgeführt wird, wird sie zu einer Anstrengung und damit zu einem Stressfaktor für den Geist. Meditation ist kein absichtsvoller Akt, sie besitzt keine Kontinuität. Denn in dem Augenblick, in dem sie Kontinuität besitzt, hat sie einen zeitlich begrenzten Wert. Dann ist die Meditation vom Geist als ein Mittel gewählt worden, irgendetwas zu erreichen oder zu bewahren. Meditation ist ein Akt, der in jeder Minute endet und keine Kontinuität besitzt.

Indien, 1965, Seite 86

Meinungen

Es steht fest, dass Meinungen, Wertvorstellungen, Interpretationen den Geist daran hindern, den Tatsachen ins Auge zu sehen. Wenn du etwas verstehen möchtest, dann ist es nicht gut, eine Meinung dazu zu haben.

Europa, 1956, Seite 53

Um Liebe, Wahrheit oder Gott zu erkennen, darf es keine Meinungen, keine Glaubenssätze, keine Spekulationen darüber geben. Wenn du eine Meinung zu etwas hast, dann wird diese Meinung wichtig, nicht die Tatsache selbst. Wenn du herausfinden willst, ob etwas wahr oder unwahr ist, dann darfst du dich nicht an Worte klammern und im Intellekt leben.

Kommentare über das Leben 3, Seite 214

Nur Narren posaunen ihre Meinung heraus. Ein weiser Mensch hat keine Meinung.

USA, 1966, Seite 72

Mysterium

Es gibt ein Mysterium, das jenseits der Kräfte und des Vermögens des Geistes liegt. Du kannst es nicht suchen oder herbeilocken, es muss ohne dein Bitten zu dir kommen, und mit ihm kommt ein Segen für den Menschen.

Kommentare über das Leben 2, Seite 151

Nationalismus

Der Nationalismus bringt immer Krieg hervor. Das Problem kann nicht dadurch gelöst werden, dass wir einem neuen Nationalismus huldigen, der nur ein anderer Ausdruck desselben Giftes wäre, sondern dadurch, dass wir frei von Nationalismus sind, frei von dem Gefühl, zu einer bestimmten Gruppe, Klasse oder Gesellschaft zu gehören.

Ceylon, 1949 – 1950, Seite 104

Der trennende Geist des Nationalismus breitet sich wie ein Feuer über die ganze Welt aus. Der Patriotismus wird gefördert und von jenen ausgebeutet, die ihre Macht ausdehnen wollen, nach mehr Einfluss und größerem Reichtum streben. Jeder von uns ist Teil dieses Prozesses, denn auch wir wollen diese Dinge. Die Eroberung anderer Länder und anderer Völker erschließt nicht nur neue Märkte für Güter, sondern auch für politische und religiöse Ideologien.

Erziehung und die Bedeutung des Lebens, Seite 69 – 70

Nationalismus, der Geist des Patriotismus, Klassen- und Rassenbewusstsein, sie alle sind Ausdruck des Selbst und trennen daher. Was ist denn eine Nation anderes als eine Gruppe von Individuen, die aus ökonomischen und Gründen des Selbstschutzes zusammenleben? Aus Angst und aus aggressiver Verteidigung des Selbst entsteht die Idee des Vaterlandes mit seinen Grenzen und Zöllen. Aber dadurch werden Brüderlichkeit und die Einheit der Menschheit unmöglich gemacht.

Erziehung und die Bedeutung des Lebens, Seite 70

Weil wir Nationalisten sind, die immer bereit sind, ihren souveränen Staat, Glauben und Besitz zu verteidigen, müssen wir ständig bewaffnet sein. Weil Eigentum und Ideen uns wichtiger geworden sind als das menschliche Leben, besteht ständige Feindschaft zwischen uns und den »anderen«. Indem wir auf der Souveränität unseres Landes bestehen, zerstören wir unsere Söhne; weil wir den Staat anbeten, der ja nur eine Projektion unserer selbst ist, opfern wir unsere Kinder für unsere eigenen Zwecke. Nationalismus und souveräne Regierungen sind sowohl die Ursachen als auch die Instrumente des Krieges.

Erziehung und die Bedeutung des Lebens, Seite 71

Neid

Wenn ich versuche, mich vom Neid zu befreien, indem ich einen geistigen Zustand kultiviere, in dem es keinen Neid gibt, bin ich immer noch neidisch, da der Wunsch, einen Zustand des Nichtneides zu kultivieren, immer noch auf Neid basiert. Wenn es mir gelingen soll, das »Neid« genannte Gefühl auszulöschen, müsste ich das Problem vollständig verstehen, damit sich der Geist von allen Wörtern freimachen kann, einschließlich des Wortes »Neid«. Wenn das gelingt, gibt es dann noch Neid? Aber einfach nur das Wort »Neid« durch einen Trick loswerden, um nicht mehr neidisch zu sein, bringt keinen Geist hervor, der vollkommen still und ohne Worte ist.

Europa, 1956, Seite 49

Nichts

Wir müssen unsere eigene Konditionierung durchbrechen und nichts sein.

Ojai, 1945 – 1946, Seite 43

Du bist nichts. Du hast einen Namen, einen Titel, deinen Besitz und dein Bankkonto, du hast Macht und Ruhm, aber trotz all dieser Schutzvorrichtungen bist du doch nichts. Du bist dir dieses Nichts, dieser Leere, wahrscheinlich nicht einmal bewusst oder du möchtest sie einfach nicht wahrhaben, aber es ist so – egal, was du auch tun magst, um sie dir nicht einzugestehen.

Kommentare über das Leben 1, Seite 92

Ein Mensch, der nichts ist, ist ohne Angst, ohne Ehrgeiz. Er ist allein, aber nicht isoliert.

Europa, 1956, Seite 7

Organisationen

Verliere dich nicht in Organisationen, lasse dich nicht von ihnen verwirren. Bleibe ganz allein und sei einfach.

Ojai, 1945 – 1946, Seite 15

Wenn gewisse Ideen, Glaubenssätze oder Lehren dir gefallen, schließt du dich mit anderen zusammen, um das, woran du glaubst, zu verbreiten. Dafür gründest du eine Organisation. Aber kann das Verständnis der Realität das Ergebnis von Propaganda, von organisiertem Glauben, von erzwungener oder »freiwilliger« Konformität sein? Kann die Realität durch die Lehren der Kirchen, Kulte oder Sekten entdeckt werden? Kann Realität durch Zwang oder Nachahmung gefunden werden?

Ojai, 1945 – 1946, Seite 58

Wenn jemand zu einer Organisation gehört, die Glauben fordert, der auf Angst oder einem Dogma beruht, dann ist der Geist Sklave dieser Organisation und kann nicht frei sein.

Europa, 1956, Seite 17

Warum schließt du dich einer bestimmten religiösen Gruppierung an? Natürlich brauchen wir Organisationen, um Briefe, Milch und so weiter auszuliefern, aber warum klammert sich der Geist an Dogmen? Klammert er sich nicht deshalb an ein Dogma, einen Glauben, weil er Sicherheit darin findet, etwas, auf das er sich verlassen kann? Weil er verunsichert und ängstlich ist, erschafft er sich einen Glauben oder klammert sich an das Dogma, das ihm eine Kirche oder eine andere Organisation bietet.

Europa, 1956, Seite 17

Philanthropie

Wir alle wollen reich sein, und je reicher wir werden, desto rücksichtsloser werden wir, auch wenn wir große Summen für wohltätige oder pädagogische Zwecke spenden. Erst berauben wir unsere Opfer, dann geben wir ihnen ein klein wenig von der Beute zurück, und das nennen wir dann Philanthropie.

Erziehung und die Bedeutung des Lebens, Seite 78

Probleme

Wenn wir uns unseren Problemen ohne Urteil oder Identifikation nähern könnten, dann würden ihre Ursachen offenbar werden. Wenn wir ein Problem wirklich verstehen wollen, dann müssen wir unsere Sehnsüchte, unsere angesammelten Erfahrungen und unsere Denkmuster beiseite lassen. Schwierig ist nicht das Problem selbst, sondern unsere Herangehensweise. Die Narben von gestern verhindern die richtige Herangehensweise. Unsere Konditionierung übersetzt das Problem gemäß ihren eigenen Mustern, wodurch das Gedanken-Gefühl in keiner Weise von Schmerz und Konflikt befreit wird. Ein Problem zu übersetzen heißt nicht, es zu verstehen. Um es zu verstehen und darüber hinaus gehen zu können, muss die Interpretation aufhören.

Ojai, 1945 – 1946, Seite 45

Über ein Problem nachzudenken heißt, von ihm abzulenken, denn das eigentliche Problem ist das Denken. Das Denken ist das einzige Problem.

Kommentare über das Leben 2, Seite 6

Ein Problem zu lösen ist nicht dasselbe wie nach einer Lösung suchen. Wenn mein Geist damit beschäftigt ist, eine Lösung für ein Problem zu finden, dann habe ich mir doch wieder ein neues Problem geschaffen oder nicht?

Europa, 1956, Seite 55

Es gibt kein Problem, das nur für sich allein existiert. Alle Probleme sind miteinander verbunden. Daher kann der Geist, der ein bestimmtes Problem lösen will, es niemals lösen, weil dieses Problem mit einem halben Dutzend anderer – bewusster wie unbewusster – Probleme zusammenhängt. Nur religiöses Handeln kann alle Probleme gleichzeitig lösen.

Indien, 1965, Seite 9

Wenn der Geist vor einem Problem steht, dann sucht er immer nach einem Ausweg, indem er versucht, es zu lösen, zu überwinden, zu umgehen, zu vermeiden oder sich darüber zu erheben. Er versucht immer, etwas mit dem Problem zu tun – innerlich oder äußerlich. Wenn sich der Geist aber überhaupt nicht bewegen würde, wenn es weder eine innere noch eine äußere Bewegung gäbe, sondern das Problem einfach nur da wäre, dann würde in diesem Problem eine Explosion stattfinden.

Indien, 1965, Seite 93

Ein Problem gibt es nur, wenn wir nicht angemessen auf eine Herausforderung reagieren, sonst gibt es überhaupt kein Problem. Wenn wir unfähig sind, voll und ganz auf eine Herausforderung zu reagieren, dann entsteht das Problem aus dieser Unfähigkeit heraus. Obwohl die Herausforderungen immer neu sind, reagieren wir mechanisch aufgrund des angehäuften Wissens oder der angesammelten Erfahrungen. Dann kann es kein spontanes Reagieren geben.

USA, 1966, Seite 35

Psychoanalyse

Du magst vielleicht bestimmte Ereignisse oder gewisse Erfahrungen verstehen, aber der gesamte Inhalt des Bewusstseins kann durch den psychoanalytischen Prozess nicht geleert werden. Er kann nur dann geleert werden, wenn du erkennst, dass der analytische Prozess in sich falsch ist. Wenn du das Falsche als falsch erkennst, dann fängst du an, das Wahre zu sehen. Es ist diese Wahrheit, die dich befreien wird.

Benares, 1949, Seite 12

Bei der Analyse besteht immer die Möglicht der Fehlinterpretation. Es stellt sich die Frage, ob der Analytiker selbst frei ist.

Europa, 1956, Seite 28

Vielleicht gehst du ja nicht zu einem Psychoanalytiker, sondern analysierst dich selbst, aber in beiden Fällen existiert ein Analysierender und ein Analysierter. Wenn du versuchst, das Unbewusste zu untersuchen oder einen Traum zu interpretieren, existiert immer ein Untersuchender und das Untersuchte. Der Untersuchende, der Interpretierende, analysiert das, was er sieht, aufgrund seines eigenen Hintergrundes und aufgrund seiner eigenen Vorlieben. Es besteht also immer eine Trennung zwischen dem Analysierenden und dem Analysierten, wobei der Analysierende versucht, das, was er analysiert hat, umzugestalten oder zu kontrollieren. Die Frage ist nicht, ob der Analysierende fähig ist zu analysieren, viel grundlegender ist die Frage, ob die Trennung zwischen dem Analysierenden und dem Analysierten überhaupt besteht. Wir nehmen an, dass es diese Trennung gibt, aber gibt es sie tatsächlich? Auch der Analysierende ist das Produkt unseres Denkens. Folglich gibt es überhaupt keine tatsächliche Trennung, sondern nur eine von uns künstlich geschaffene.

Europa, 1956, Seite 112

Reformen

Reformen, so nötig sie auch sein mögen, erzeugen nur die Notwendigkeit weiterer Reformen. Das führt zu einem endlosen Kreislauf. Was wir wirklich brauchen, ist eine Revolution im Denken der Menschen, keine Reförmchen, die immer nur Stückwerk bleiben müssen. Ohne grundlegende Veränderungen im Geist und Herzen des Menschen schläfern ihn Reformen nur ein, indem sie ihm helfen, etwas weniger unzufrieden zu sein.

Kommentare über das Leben 3, Seite 12

Reinkarnation

Das Denken mag weitergehen, es mag eine andere Gestalt, eine andere Form annehmen – was als Reinkarnation bezeichnet wird –, aber weiß das, was weiterbesteht, jemals um das Unermessliche, das Zeitlose?

Europa, 1956, Seite 12

Ein Mensch, der einfach an Reinkarnation glaubt, hat das Problem des Todes und des Leidens nicht vollständig begriffen. Wenn er an diese Theorie glaubt, dann versucht er damit nur der Tatsache des Todes zu entfliehen.

Europa, 1956, Seite 15 – 16

Wenn du einer bestimmten Ideologie, einer speziellen Form der Voreingenommenheit anhängst – auch wenn du sie Religion nennst –, dann wirst du die Ursache von Streit und Elend sein.

Ojai, 1945 – 1946, Seite 14

Wenn du wirklich an Reinkarnation glauben würdest, dann würden sich alle deine Handlungen, deine ganze Lebensweise und deine Denkmuster ändern, dann würden deine Gleichgültigkeit und Hartherzigkeit verschwinden, denn du wüsstest, dass du im nächsten Leben dafür bezahlen und leiden müsstest.

Indien, 1965, Seite 117

Religion

Gewiss ist Religion das Offenbarwerden der Realität. Religion ist nicht Glaube; Religion ist nicht das Streben nach Wahrheit. Das Streben nach Wahrheit ist lediglich die Erfüllung des Glaubens. Religion ist das Verstehen des Denkers, denn was der Denker ist, das erschafft er.

Ceylon, 1949 – 1950, Seite 19

Religion heißt, tatsächlich einen Zustand zu erleben, in dem Schöpfung stattfindet. Dies ist keine Idee, kein Prozess. Dieser Zustand kann eintreten, wenn man vom Selbst frei ist.

Ceylon, 1949 – 1950, Seite 14

Was wir Religion nennen, ist nichts weiter als organisierter Glaube mit all seinen Dogmen, Ritualen, Mysterien und abergläubischen Bräuchen. Jede Religion hat ihre heilige Schrift, ihre Vermittler, ihre Priester und ihre eigenen Methoden, die Gläubigen bei der Stange zu halten und ihnen zu drohen. Die meisten von uns sind durch eine Konditionierung, die man religiöse Erziehung nennt, daran gewöhnt. Aber diese Konditionierung stellt Mensch gegen Mensch, sie erzeugt Feindschaft und Konkurrenz zwischen den Gläubigen und denen, die einem anderen Glauben anhängen. Obwohl alle Religionen behaupten, Gott anzubeten, und fordern, einander zu lieben, so trichtern sie uns doch durch ihre Lehren von gerechter Belohnung und Bestrafung Angst ein, und durch ihre miteinander konkurrierenden Dogmen verewigen sie Misstrauen und Feindschaft.

Erziehung und die Bedeutung des Lebens, Seite 37

Wahre Religion ist keine Form der Konditionierung. Religion ist ein Zustand des Friedens, in dem die Wirklichkeit – Gott – zutage tritt. Aber dieser schöpferische Zustand kann sich nur dann einstellen, wenn Selbsterkenntnis und Freiheit vorhanden sind.

Erziehung und die Bedeutung des Lebens, Seite 39

Die organisierten Religionen sind die gefrorenen Gedanken der Menschen, aus denen sie Tempel und Kirchen errichten. Sie sind der Trost der Furchtsamen und Opium für die Leidenden geworden. Aber Gott oder die Wahrheit liegt weit jenseits von Gedanken oder emotionalen Bedürfnissen.

Erziehung und die Bedeutung des Lebens, Seite 39

Um herauszufinden, was wahre Religion ist, ist mehr als nur eine einmalige Anstrengung und dann darauf folgendes Vergessen erforderlich. Nötig ist ständiges Hinterfragen, ein tiefes Erforschen, in dem du anfängst, alles hinter dir zu lassen. Dieser Prozess des geistigen Loslassens ist die höchste Form des Denkens. Das Ziel des positiven Denkens ist es, nicht zu denken, sondern nur die Ideen anderer zu kopieren. Aber wenn Hinterfragen ohne Motiv stattfindet, ohne den Wunsch nach einem bestimmten Ergebnis – was man als negativen Ansatz bezeichnen könnte –, dann geht der Geist während dieses Hinterfragens über alle traditionellen Religionen hinaus. Dann wirst du vielleicht für dich selbst herausfinden, was Gott, was Wahrheit ist.

Europa, 1956, Seite 78 – 79

Wahre Religion ist keine Frage von Dogmen, Orthodoxien und Ritualen, sie ist kein organisierter Glaube. Der organisierte Glaube tötet die Liebe und Güte. Religion ist ein Gefühl von Heiligkeit, Mitgefühl und Liebe.

Kommentare über das Leben 3, Seite 234 – 235

Revolution

Wir glauben oft, dass wir durch eine äußere Revolution eine neue Welt erschaffen könnten, die auf unseren Idealen aufgebaut ist. Aber das Gegenteil ist wahr: Nur wenn die Revolution im Zentrum stattfindet, in der Psyche, dann kann sie eine wirkliche Revolution im Außen auslösen. Du kannst tun, was du willst, aber durch eine rein äußere Revolution wirst du niemals eine innere Revolution herbeiführen können.

Ceylon, 1949 – 1950, Seite 53

Blutige Revolutionen können unsere Probleme niemals lösen. Nur eine tief greifende innere Revolution, die alle unsere Wertvorstellungen verwandelt, kann eine andere Umwelt und eine intelligente Sozialstruktur erschaffen. Eine solche Revolution kann nur von dir und von mir herbeigeführt werden. Es wird so lange keine neue Ordnung entstehen können, wie wir als Individuen nicht unsere eigenen psychischen Schranken niederreißen und uns befreien.

Erziehung und die Bedeutung des Lebens, Seite 52

Rituale

Wenn du wirklich kritisch bist und die Dinge hinterfragst, warum klammerst du dich dann noch an Rituale? Vergleiche nicht ein Ritual mit einem anderen, um herauszufinden, welches das bessere ist, sondern finde heraus, ob Rituale überhaupt einen Nutzen haben. Wenn du sagst: »Die Rituale, die ich ausführe, sind für mich äußerst befriedigend«, dann habe ich nichts mehr zu sagen. Deine Aussage beweist einfach, dass du keinen Zweifel kennst. Es geht dir nur darum, zufrieden zu sein. Rituale trennen die Menschen. Jeder Gläubige sagt: »Meine Rituale sind die besten. Sie haben größere spirituelle Macht als die der anderen.« Das ist es, was die Anhänger jeder Religion, jeder Sekte und jeder Gesellschaft behaupten, und wegen dieser künstlichen Unterschiede wird seit Generationen gestritten. Rituale und andere gedankenlos errichtete Barrieren trennen Menschen von Menschen.

Adyar, 1933 – 1934, Seite 30

Schlussfolgerungen

Eine Schlussfolgerung zu ziehen heißt, eine Mauer um sich selbst herum zu bauen, ein schützendes Sicherheitssystem zu errichten, das wahres Verstehen verhindert. Eine Ansammlung von Schlussfolgerungen ergibt noch keine Weisheit, sondern hält nur das Selbst am Leben. Ohne diese Ansammlung gäbe es überhaupt kein Selbst.

Ojai, 1945 – 1946, Seite 107

Schlussfolgerungen zu ziehen und aufgrund dieser Schlussfolgerungen weiter zu denken verhindert jedes Verstehen und jedes weitere Entdecken.

Kommentare über das Leben 3, Seite 60

Schönheit

Um Schönheit zu verstehen, muss man einen außergewöhnlich einfachen Geist haben. Einen Geist, der nicht durch das Denken getrübt ist, der die Dinge so sehen kann, wie sie sind, der einen Sonnenuntergang in all seiner Farbenpracht, seiner Lieblichkeit und seinem Lichtglanz sehen kann, der ihn einfach ohne Worte anschauen kann und mit ihm in Kontakt ist, in Kommunion, ohne das Wort, ohne die Geste, ohne die Erinnerung, sodass es kein »du« und kein Objekt gibt, das »du« anschaust. Diese außergewöhnliche Kommunion ohne Objekt, ohne den Denker und das Denken, ohne das Objekt und seine Erfahrung, dieses Gefühl unendlichen Raumes, das ist Schönheit.

Indien, 1965, Seite 28

Schönheit ist nicht Denken. Das, was durch das Denken erschaffen wird, ist nicht Schönheit.

Indien, 1966, Seite 79

Schönheit ist kein Stimulans. Sie entsteht nicht durch Architektur, durch ein Gemälde und auch nicht, indem man einen Sonnenuntergang oder ein schönes Gesicht betrachtet. Schönheit ist etwas völlig anderes. Sie kann nur dann verstanden werden, wenn der Erfahrende nicht länger existiert und die Erfahrung aufhört zu sein.

Indien, 1966, Seite 29

Seele (Atman)

Du willst Beständigkeit und die Seele (Atman) garantiert sie dir.

Ceylon, 1949 – 1950, Seite 54

Ob Atman nun existiert oder nicht, ist lediglich eine theoretische Frage, reine Spekulation. Und jede Spekulation ist Zeitverschwendung. Sie ist nur etwas für die geistig Trägen, für die Denkfaulen.

Ceylon, 1949 – 1950, Seite 54

Das Denken erschafft den Denker. Das Denken strebt immer nach Permanenz. Da es seine eigene Unbeständigkeit, sein Fließen, erkannt hat und sieht, dass es sich immer im Übergang befindet, erschafft es ein Wesen, das es Denker, Atman, Paramatman oder Seele nennt – eine immer höhere Form der Sicherheit.

Ceylon, 1949 – 1950, Seite 65

Alles an uns – im Inneren wie im Äußeren – ist unbeständig und in stetigem Fluss. Das gilt für unsere Beziehungen ebenso wie für unsere Gedanken und Gefühle. Da sich der Geist dessen bewusst ist, sehnt er sich nach Beständigkeit, nach einem immerwährenden Zustand des Friedens, der Liebe und Güte. Er hungert nach einer Sicherheit, die weder durch die Zeit noch durch Ereignisse zerstört werden kann. Deshalb erschafft er sich die Seele, den Atman, und die Vision eines dauerhaften Paradieses. Aber dieses Beständige ist aus der Unbeständigkeit geboren und enthält daher den Samen des Unbeständigen. Es gibt nur eine einzige Tatsache: die der Unbeständigkeit.

Kommentare über das Leben 3, Seite 253

Gibt es in dir etwas Beständiges? Du veränderst dich unablässig, dein Körper verändert sich – es sei denn, du bist tot. Alles ist in Bewegung, aber du weigerst dich, diese Bewegung zu akzeptieren. Wenn man sagt, dass es eine Seele gibt, einen Atman, dann bedeutet das, dass das Denken darüber nachgedacht und es erfunden hat.

Indien, 1966, Seite 97

Du glaubst an den Atman, weil das so üblich und seit Jahrhunderten so überliefert worden ist. Aber es gefällt dir auch zu glauben, dass in dir etwas Höheres steckt, das von Dauer, göttlich und so weiter ist. Aber das alles sind nur intellektuelle Konzepte, die keinen Einfluss darauf haben, wie du dein Leben führst.

Indien, 1966, Seite 99

Selbst

Wenn du dir eines einzigen Hindernisses wirklich bewusst wirst – sei es ein Guru, deine Erinnerung oder dein Klassenbewusstsein –, dann wird dieses Gewahrsein den Schöpfer aller Hindernisse offenbaren, den Schöpfer der Illusion: das Bewusstsein eines Selbst, das Ego. Wenn der Geist diesen Schöpfer erkennt, dann löst sich der Schöpfer aller Illusionen – das Bewusstsein eines Selbst – in diesem Gewahrsein auf. Versuche es, dann wirst du sehen, was passiert.

Adyar, 1933 – 1934, Seite 84

Macht nicht der ständige Konflikt, dieses Bemühen zu werden oder nicht zu werden, den Prozess der Selbstabkapselung aus? Erschafft er nicht das Bewusstsein vom Selbst? Liegt es nicht im Wesen des Selbst, ständig Konflikt und Schmerz zu erleiden? Wann bist du dir selbst bewusst? Doch dann, wenn es einen Gegensatz gibt, wenn es Reibung gibt, wenn es Widerstand gibt. Im Augenblick der Freude ist das Bewusstsein des Selbst nicht vorhanden. Wenn du wirklich glücklich bist, dann sagst du nicht: »Ich bin glücklich.« Nur wenn das

Glück nicht da ist, wenn es einen Konflikt gibt, dann wirst du dir deines Selbst bewusst.

Ojai, 1945 – 1946, Seite 20

Da das Selbst das Ergebnis von Konformität, Konditionierung, von angesammelten Erinnerungen ist, ist es niemals frei zu erforschen. Es kann nur seine eigene Konditionierung erweitern und sich so organisieren, dass es in seinen Vorhaben und Forderungen effizienter ist, aber es kann niemals frei sein. Nur wenn das Selbst aufhört zu werden, ist das Reale da.

Ojai, 1945 – 1946, Seite 58

Nur im Tod des Selbst ist Leben.

Ojai, 1945 – 1946, Seite 72

Das Ego kann einen edlen Zweck wählen und ihn als Mittel seiner eigenen Ausdehnung benutzen.

Ojai, 1945 – 1946, Seite 86

Wenn sich eine Maschine sehr schnell dreht, wie etwa ein Propeller mit mehreren Blättern, dann sind die getrennten Teile nicht mehr sichtbar, sondern erscheinen als eins. Das Selbst, das Ich, scheint ebenfalls eine Einheit zu sein, aber wenn seine Aktivitäten verlangsamt werden könnten, würden wir sehen, dass es gar keine Einheit ist, sondern sich aus vielen getrennten und widerstreitenden Wünschen und Zielen zusammensetzt. Das Selbst besteht aus diesen einzelnen Hoffnungen und Wünschen, Ängsten und Freuden. »Selbst« ist ein Begriff, unter den das Verlangen in all seinen unterschiedlichen Formen fällt. Um das Selbst verstehen zu können, muss man sich des Verlangens in all seinen vielen Formen bewusst sein.

Ojai, 1945 – 1946, Seite 99 – 100

Das Selbst ist zusammengefügt, und wenn sich seine Teile auflösen, existiert es nicht. Aber in der Illusion trennt sich das Selbst von seinen Eigenschaften, um sich zu schützen, um sich Kontinuität und Dauer zu geben. Es findet seine Zuflucht in seinen Eigenschaften, indem es sich von diesen trennt. Das Selbst behauptet, es sei dieses und es sei jenes; das Selbst, das Ich, modifiziert, verändert und transformiert seine Gedanken, seine Eigenschaften, aber diese Veränderungen stärken das Selbst und seine Schutzmechanismen nur. Wenn du dir dessen vollständig bewusst bist, wirst du wahrnehmen, dass der Denker und seine Gedanken eins sind: Der Beobachter ist das Beobachtete. Diese Tatsache zu beobachten ist extrem schwierig, rechte Meditation ist der Weg, dies zu erreichen.

Ojai, 1945 – 1946, Seite 114 – 115

Das Selbst – das »Ich«, das »Mein« – ist in den meisten von uns sehr stark ausgeprägt. Ob wir wachen oder schlafen, es ist immer wachsam und verstärkt sich ständig selbst. Aber wenn ein Gewahrsein des Selbst vorhanden ist und die Erkenntnis, dass alle seine Aktivitäten, wie subtil sie auch sein mögen, unvermeidlich zu Konflikt und Leiden führen müssen, dann endet das Verlangen nach Beständigkeit, nach Aufrechterhaltung des Selbst.

Erziehung und die Bedeutung des Lebens, Seite 60 – 61

Ein wahrer Künstler befindet sich jenseits der Nichtigkeit des Selbst und dessen Ehrgeiz.

Erziehung und die Bedeutung des Lebens, Seite 121

Das Selbst wurde zusammengefügt, und nur im Auseinanderfallen des Selbst kann das, was nicht das Ergebnis von äußeren Einflüssen ist, das, was keine Ursache hat, erkannt werden.

Kommentare über das Leben 1, Seite 135

Sich selbst zu erkennen ist ein außergewöhnlicher Prozess, weil das Selbst von einem Augenblick zum anderen niemals gleich ist, weil es so viele gegensätzliche Wünsche, so viele Zwänge, so viele Antriebe enthält.

Europa, 1956, Seite 34

Du kannst dich nicht selbst vergessen, indem du dich mit etwas Größerem wie der Gesellschaft identifizierst. Dadurch findet keine Auflösung des Selbst statt. Im Gegenteil: Durch die Identifizierung des »Ich« mit dem Größeren geht der Kampf immer weiter, wie in den

Ländern zu beobachten ist, in denen so viel über die Gesellschaft, das Kollektiv, geredet wird. Der Kommunist redet ständig über das Kollektiv, aber er hat sich mit dem Kollektiv identifiziert. Das Kollektiv wird dann zum »Ich«, für das er zu kämpfen bereit ist und für das er sich alle Arten von Qualen auferlegt, weil er sich mit ihm ebenso identifiziert, wie es ein religiöser Mensch mit der Idee, die er Gott nennt, tut. Aber das, mit dem er sich identifiziert, ist immer noch das »Ich«.

Indien, 1966, Seite 37

Das »Ich«, die gesammelten Erfahrungen als Mensch mit all seinem Wissen, mit all den gespeicherten Informationen, mit allen Arten von Erinnerungen – geschätzte, geliebte oder verachtete –, all das zusammen bildet das Zentrum, das als »Ich«, als Ego oder als Persönlichkeit bezeichnet wird. Und wir haben Angst, dieses psychologische Zentrum zu verlieren.

USA, 1966, Seite 77

Das »Ich« kann sich nicht selbst aufgeben. Was es tun kann, ist still zu sein. Es kann aber erst dann still sein, wenn es die ganze Struktur und die Bedeutung des »Ich« verstanden hat. Entweder werden die Struktur und Bedeutung vollständig und augenblicklich verstanden oder überhaupt nicht. Das ist die einzige Möglichkeit, es gibt keine andere. Wenn du sagst: »Ich werde üben, ich werde behutsam daran arbeiten, dass das Ich stirbt«, dann bist du lediglich in eine andere Falle gegangen, die aber immer noch dasselbe »Ich« ist.

USA, 1966, Seite 79

Selbsterkenntnis

Rechtes Denken entsteht durch Selbsterkenntnis. Solange du dich nicht selbst verstehst, solange hast du keine Grundlage für dein Denken. Ohne Selbsterkenntnis ist das, was du denkst, nicht wahr.

Ojai, 1945 – 1946, Seite 7

Wenn sich der Meditierende nicht selbst kennt, hat seine Meditation nur einen geringen Wert und behindert sogar sein Verständnis. Meditation ist ohne Selbsterkenntnis nicht möglich und ohne meditative Bewusstheit kann es keine Selbsterkenntnis geben. Wenn ich mich selbst nicht verstehe – meine Gelüste, meine Motive, meine Widersprüche –, wie kann ich dann die Wahrheit verstehen?

Ojai, 1945 – 1946, Seite 51

Erkenne dich selbst! Wenn du dich selbst verstehst, kannst du mit den täglichen Problemen, die jeder von uns hat, umgehen. Selbsterkenntnis bringt dem Geist

Frieden und nur dann kann die Wahrheit zum Vorschein kommen.

Ceylon, 1949 – 1950, Seite 5

Ohne Selbsterkenntnis ist jeder Selbstausdruck anmaßend, aggressiv und von Ehrgeiz getrieben.

Erziehung und die Bedeutung des Lebens, Seite 15

Ignorant ist nicht der Ungebildete, sondern der Mensch, der sich selbst nicht kennt. Ein gelehrter Mensch ist dumm, wenn er sich auf Bücher, Wissen und Autoritäten verlässt, die ihm Verständnis geben sollen. Verstehen entsteht nur durch Selbsterkenntnis, womit das vollständige Bewusstsein aller psychologischen Prozesse gemeint ist.

Erziehung und die Bedeutung des Lebens, Seite 17

Wenn Selbsterkenntnis vorhanden ist, endet die Macht der selbst erschaffenen Illusionen. Nur dann kann die Realität oder Gott sein.

Erziehung und die Bedeutung des Lebens, Seite 46

Selbsterkenntnis ist der Beginn der Weisheit. Aber wir wissen so wenig über uns selbst, wir kennen die unbewussten Teile ebenso wenig wie die bewussten, wir kennen die Totalität unseres Wesens nicht.

Europa, 1956, Seite 34

Das Instrument meiner Suche – mein eigener Geist – ist höchstwahrscheinlich pervertiert oder verdreht. Nur in der Selbsterkenntnis kann der Geist einwandfrei funktionieren.

Europa, 1956, Seite 36

Um dich selbst zu erkennen, musst du weder Bücher lesen noch Priester oder Psychologen aufsuchen. Der ganze Schatz liegt in dir selbst.

Europa, 1956, Seite 56

Selbstvertrauen

Diese Art von Selbstvertrauen könnte man wahren Glauben nennen. Aber dies ist nicht der Glaube der Unwissenden, es ist nicht der Glaube an etwas. Dummheit mag an Weisheit glauben, Dunkelheit an Licht, Grausamkeit an Liebe, aber diese Art von Glauben ist dennoch Unwissenheit. Das Selbstvertrauen oder Vertrauen, von dem ich spreche, entsteht durch das Experimentieren mit Selbsterkenntnis, nicht durch Akzeptanz und Hoffnung. Das Selbstvertrauen, das viele besitzen, ist entweder das Ergebnis von Unwissenheit und Selbstverherrlichung oder von Leistungsvermögen und Fähigkeiten. Aber das Selbstvertrauen, von dem ich spreche, ist wahres Verstehen, nicht dieses »Ich verstehe«, sondern reines Verstehen ohne die Identifizierung mit einem Selbst.

Ojai, 1945 – 1946, Seite 102

Selbstvertrauen entsteht einfach, es kann nicht vom Geist fabriziert werden. Selbstvertrauen entsteht aus dem Experimentieren und dem Entdecken, aber nicht dem Experimentieren mit Glaubenssätzen, Theorien und Erinnerungen, sondern dem Experimentieren mit Selbsterkenntnis. Diese Art von Vertrauen kann man sich nicht selbst einreden, sie kann weder mit Glauben noch mit Hoffnung gleichgesetzt werden. Nie kann sie das Ergebnis des Verlangens sein, sich selbst zu erhöhen.

Ojai, 1945 – 1946, Seite 103

Sensibilität

Wie unsensibel wir doch sind, wie sehr es uns an schnellen adäquaten Reaktionen fehlt, wie wenig Freiheit wir doch haben, unvoreingenommen zu beobachten! Wie kann es ohne Sensibilität Flexibilität, rechte Wahrnehmung, Aufnahmebereitschaft und Verständnis, das frei von Bemühen ist, geben? Gerade das Bemühen verhindert ja jedes Verständnis. Verstehen entsteht durch große Sensibilität, aber Sensibilität ist nichts, was man kultivieren könnte. Das, was kultiviert wird, ist nichts weiter als eine Pose, eine künstliche Maske. Aber dies ist nicht die wahre Sensibilität, es ist ein Manierismus und je nach Einfluss oberflächlicherer oder tiefer gehender Art. Sensibilität ist nichts kulturell Erwerbbares, sie ist nicht das Ergebnis äußerer Einflüsse. Sensibel zu sein heißt nichts weiter, als offen und verletzlich zu sein.

Kommentare über das Leben 1, Seite 181

Sexualität

Freisein von Sexualität und Ehrgeiz ist ohne Liebe bedeutungslos. Keuschheit ist nicht das Produkt des Intellekts. Wenn der Geist plant und sich vornimmt, keusch zu sein, dann ist er nicht mehr keusch. Nur Liebe ist keusch. Ohne Liebe ist das bloße Freisein von Lust fruchtlos und somit die Ursache für endlosen Hader und Leid.

Ojai, 1945 – 1946, Seite 23

Die Sexualität wird dann zu einem Problem, wenn wir intellektuell oder emotional keine Möglichkeit haben, uns Erleichterung zu verschaffen, Erlösung zu finden. Genauer gesagt dann, wenn wir unsensibel sind, wenn wir nicht fühlen. Mit fühlen meine ich nicht Emotionalität, Sentimentalität oder die Erinnerung an vergangene Ereignisse oder Empfindungen. Die Sexualität wird dann ein Problem, wenn unser Wesen sich nicht ausdrücken, keine Erlösung finden kann – außer in einer Richtung. Intellektuell hast du keine Möglichkeit, weil du einfach alles akzeptierst, einfach folgst. Für dich sind Ideen so ungeheuer wichtig, nicht die Handlungen, die Aktivitäten. Weil Ideen intellektuell so ungeheuer wichtig werden, hast du überhaupt keine intellektuelle Freiheit. Intellektuell gesehen bist du also nicht kreativ. Intellektuell bist du an Autoritäten gebunden, du bist ein Sklave der Gesellschaft, der Respektabilität. Du passt dich an und daher kann dir die Aktivität deines Geistes keine Erleichterung verschaffen. Und du findest keine Erlösung in der Schönheit, in der Sensibilität. Du erkennst nicht die Schönheit eines Baumes, eines Sonnenuntergangs, eines Vogels, des Lichtes und der Klänge. Du siehst einen Baum nie richtig an, du schaust niemals in den sternenübersäten Nachthimmel. Sicher gehst du manchmal in ein Konzert und hörst Musik, aber das ist nur ein Ereignis für dich, denn du erlebst die Schönheit nicht, du bist ihr gegenüber nicht sensibel. Du bist nicht empfänglich für Schönheit, für Elend, für Dreck, für einfach alles. Deine täglichen Aktivitäten langweilen dich. Du gehst ins Büro, lässt dich demütigen, dein Geist und Herz verarmen, du bist dem Leben gegenüber nicht sensibel. Du hast also keine Möglichkeit, Erlösung zu finden. Und was passiert dann? Du hast eine Möglichkeit, dir Erleichterung zu verschaffen: Sex. Und weil du nur diese eine Möglichkeit hast, wird Sex zum Problem.

Indien, 1965, Seite 14

Wenn du in deinem Herzen keine Liebe hast, bleibt dir nur eines: das Vergnügen. Und da dein größtes Vergnügen Sex ist, wird es zu einem unüberwindlichen Problem.

Indien, 1966, Seite 119

Sicherheit

Ich versichere euch, dass in dem Augenblick höchst lebendiger Unsicherheit, in dem nichts als völlige Nacktheit und vollkommene Hoffnungslosigkeit da sind, die Flamme der höchsten Intelligenz entzündet wird und die Glückseligkeit der Wahrheit zutage tritt.

New York City, 1935, Seite 11

In der Lebendigkeit der Unsicherheit zeigt sich das Ewige.

New York City, 1935, Seite 18

Ohne das Problem der Unsicherheit zu verstehen, kann es keine Sicherheit geben. Solange wir nach Sicherheit streben, werden wir sie nicht erlangen. Die Suche nach Sicherheit birgt ihren eigenen Untergang in sich. Um die Wirklichkeit erfassen zu können, muss es Unsicherheit geben – eine Unsicherheit, die aber nicht das Gegenteil von Sicherheit ist. Ein Geist, der sicher verankert ist, der sich an seinem Zufluchtsort sicher fühlt, kann niemals die Wirklichkeit verstehen. Das Verlangen nach Sicherheit bringt Trägheit hervor, es macht das Geist-Herz unflexibel und unsensibel, furchtsam und dumpf, es verhindert, dass wir offen für die Wirklichkeit sind. Die Wahrheit offenbart sich nur in großer Unsicherheit.

Ojai, 1945 – 1946, Seite 48

In der Sicherheit der vom Geist fabrizierten Dinge verlieren wir die Freude an der schöpferischen Realität, deren Wesen ja gerade die Unsicherheit ist. Ein Geist, der nach Sicherheit strebt, kann niemals von Freude erfüllt sein; er kann niemals wissen, was schöpferisches Sein bedeutet. Die höchste Form des Denken-Fühlens ist negatives Wahrnehmen, deren Basis die Unsicherheit bildet.

Ojai, 1945 – 1946, Seite 49

Ein Geist, der nach Gewinn und Erfolg strebt, kann niemals die Wahrheit finden. Das Streben nach Gewinn ist in Wirklichkeit Streben nach Sicherheit, nach Schutz, aber Wahrheit ist keine Sicherheit, kein Schutz. Wahrheit ist Befreiung, die jeden Schutz und jede Sicherheit hinwegfegt.

Ojai, 1945 – 1946, Seite 104

Wir stellen nie infrage, ob es so etwas wie innere Sicherheit überhaupt gibt, aber wir suchen ständig danach. Es ist aber die Suche nach innerer psychischer

Sicherheit, die verhindert, dass es äußere Sicherheit geben kann. Genau das passiert doch heute überall auf der Welt. In unserem Bestreben, psychische Sicherheit durch Nationalismus, Führerfiguren oder Ideologien zu finden, zerstören wir unsere physische Sicherheit.

Europa, 1956, Seite 8 – 9

Solange wir nach innerer Sicherheit streben, kann der Gesamtprozess des Lebens nicht verstanden werden.

Erziehung und die Bedeutung des Lebens, Seite 20

Es ist ja gerade das Verlangen nach Sicherheit, das jedes Verstehen verhindert. Nur wenn der Geist nicht länger danach strebt, etwas zu besitzen, wenn er nichts mehr sucht oder fordert, dann ist er frei herauszufinden, was wahr ist, was Gott ist.

Europa, 1956, Seite 5

Nur dem Menschen, der kein irgendwie geartetes Gefühl der Sicherheit kennt, offenbart sich das Neue, weil er nicht ständig mit sich selbst und seinen Leistungen beschäftigt ist.

Europa, 1956, Seite 87

Die psychische Abhängigkeit von einem anderen gibt uns ein trügerisches Gefühl von Sicherheit. Und wenn wir nicht von einem Menschen abhängig sind, dann von einem Glaubenssatz, einem Ideal, einem Vaterland, einer Ideologie oder unserem angesammelten Wissen.

Europa, 1956, Seite 92

Skepsis

Skepsis ist nicht Zynismus oder Leugnung, Skepsis ist der Zustand eines Geistes, der nicht automatisch zustimmt, der Dinge nicht einfach vorbehaltlos akzeptiert. Ein Geist, der immer automatisch zustimmt, strebt nicht nach Erleuchtung oder Weisheit, sondern nach Sicherheit.

Ceylon, 1949 – 1950, Seite 68

Sozialer Wandel

Wer die Welt verändern will, muss zuerst sich selbst verstehen, da er die Welt ist.

Ojai, 1945 – 1946, Seite 49

Wir können die Gesellschaft nicht verändern, nur das Individuum kann sich verändern.

Europa, 1956, Seite 7

Nur ein Individuum, das nicht in gesellschaftliche Zwänge eingebunden ist, kann einen tief greifenden Einfluss auf die Gesellschaft ausüben.

Europa, 1956, Seite 15

Die sozialen Strukturen wurden von Menschen erschaffen. Sie bestehen nicht unabhängig vom Menschen, auch wenn sie ein Eigenleben annehmen. Und der Mensch ist nicht unabhängig von ihnen, Struktur und Mensch sind miteinander verbunden. Veränderungen innerhalb der Struktur sind überhaupt keine Veränderungen, es sind nur Modifizierungen, Reförmchen. Du kannst der Gesellschaft nur »helfen«, wenn du aus den sozialen Strukturen ausbrichst, ohne neue zu schaffen. Solange du der Gesellschaft angehörst, kannst du ihr nur helfen zu zerfallen. Jede Gesellschaft – auch die wunderbarste utopische – trägt in sich den Keim ihres eigenen Zerfalls. Um die Gesellschaft zu verändern, musst du dich von ihr lösen. Du musst aufhören, wie die Gesellschaft zu sein: besitzgierig, ehrgeizig, neidisch, machthungrig und so weiter.

Kommentare über das Leben 3, Seite 82

Die Struktur der Gesellschaft ist die Struktur deines Selbst. Wenn du anfängst, dich selbst zu verstehen, fängst du auch an, die Gesellschaft zu verstehen, in der du lebst. Deine eigene Struktur ist jener der Gesellschaft nicht entgegengesetzt. Ein religiöser Mensch will eine neue Lebensweise finden, eine neue Art, wie er in der Welt leben kann, und dadurch ruft er eine Transformation der Gesellschaft, in der er lebt, hervor. Indem er sich verwandelt, verwandelt er die Gesellschaft.

Indien, 1965, Seite 50

Die Gesellschaft und der Mensch sind nicht zwei getrennte Wesenheiten. Wenn Ordnung im Menschen herrscht, herrscht auch Ordnung im Außen. Aber weil in uns allen Unordnung herrscht, herrscht auch im Außen Unordnung. Und das bloße Herumdoktern an der äußeren Ordnung, der sozialen Ordnung – und soziale Ordnung muss es geben –, wird die innere Unordnung nicht beheben.

Indien, 1966, Seite 28

Wenn du so weit gekommen bist, wirst du erkennen, dass es nur in der Stille, die sehr aktiv ist, eine totale Revolution der Psyche geben kann. Nur ein stiller Geist kann eine neue Gesellschaft erschaffen. Es muss eine neue Gesellschaft, eine neue Gemeinschaft von Menschen geben, die in der Welt leben, aber nicht von der Welt sind. Die Verantwortung dafür, dass eine solche Gemeinschaft entsteht, liegt bei euch.

USA, 1966, Seite 39 – 40

Stille

Stille des Geistes kann nicht erreicht werden, indem man etwas tut. Stille ist kein Ziel, das man verfolgen könnte. Stille tritt nur dann ein, wenn alle Konflikte enden.

Ceylon, 1949 – 1950, Seite 27

Zwischen zwei Gedanken tritt eine Periode der Stille ein, die nichts mit dem Gedankenprozess zu tun hat. Wenn du aufmerksam beobachtest, wirst du bemerken, dass diese Periode der Stille nicht der Zeit angehört. Die Entdeckung dieser Spanne, das vollständige Erleben dieser Spanne, befreit dich von deinen Konditionierungen. Genauer gesagt, befreit es nicht »dich«, sondern es findet Befreiung von Konditionierung statt.

Indien, 1949 – 1950, Seite 74

Wenn Stille der Anfang ist, so ist auch das Ende Stille. Es gibt keine Methoden, um zur Stille zu gelangen. Stille tritt ein, wenn der Lärm aufhört. Aber der Lärm hört nicht durch den Krach von Anstrengung, Disziplin, Askese oder Willenskraft auf. Erkenne diese Wahrheit, dann wird Stille sein.

Kommentare über das Leben 1, Seite 213

Solange es einen Suchenden gibt, kann es keine Stille geben.

Kommentare über das Leben 2, Seite 197

Stille ist ein Zustand, der völlig außerhalb der Mechanismen des Geistes liegt. Der Geist kann sich Stille nicht vorstellen, und die Bemühungen des Geistes, Stille zu erlangen, sind immer noch Teil des Lärms. Stille hat überhaupt nichts mit Lärm zu tun. Der Lärm muss vollständig aufhören, damit die Stille eintreten kann.

Kommentare über das Leben 3, Seite 142

Ein Mensch, der ein neues Leben, eine neue Art zu leben, entdecken möchte, muss die außergewöhnliche Qualität der Stille erforschen. Aber Stille kann es nur geben, wenn die Vergangenheit gestorben ist – ohne jedes Argumentieren, ohne jedes Motiv, ohne zu sagen: »Ich werde eine Belohnung dafür bekommen, dass ich die Vergangenheit aufgebe.«

Indien, 1966, Seite 35

Stille ist nicht das Produkt des Denkens. Stille ist außerhalb des Bereichs des Bewusstseins.

Indien, 1966, Seite 73

Um etwas zu entdecken, musst du hinschauen, und um wirklich zu schauen, muss deine Schau still sein.

Indien, 1966, Seite 108

Suchen

Ein großer Wissenschaftler hat bei seinen Forschungen kein bestimmtes Ergebnis vor Augen. Wenn er lediglich nach einem bestimmten Ergebnis suchen würde, wäre er kein großer Wissenschaftler. So sollte es auch mit unserem Denken sein.

Adyar, 1933 – 1934, Seite 19

Du kannst dauerhafte Freiheit, Wahrheit, Schönheit, Liebe – die alle ein und dasselbe sind – nur dann finden, wenn du nicht länger danach suchst.

Adyar, 1933 – 1934, Seite 57

Das, nach dem gesucht werden kann, ist von uns selbst erschaffen und daher nicht real.

Ojai, 1945 – 1946, Seite 34

Wonach suchen wir eigentlich? Wir können nur etwas suchen, das wir kennen. Wir können nicht nach etwas suchen, das wir nicht kennen. Wir können nicht etwas suchen, von dem wir nicht wissen, ob es überhaupt existiert. Wir können nur nach etwas suchen, das wir einmal hatten und dann verloren haben. Suchen entsteht aus dem Wunsch nach Befriedigung.

Indien, 1949 – 1950, Seite 29

Das Einzige, was der Geist tun kann, ist sich selbst zu erkennen. Er muss seine eigenen Grenzen erkennen, seine Motive, seine Gefühle, seine Begierden, seine Grausamkeit, seinen Mangel an Liebe, und er muss sich all seiner vielen Aktivitäten gewahr sein. Man muss all das sehen und stumm bleiben, nichts fragen, um nichts bitten, nicht die Hand ausstrecken, um etwas zu empfangen. Wenn du deine Hand ausstreckst, wirst du ewig mit leeren Händen dastehen.

Europa, 1956, Seite 22

Ein Mensch, der sich selbst versteht, strebt nach nichts. Sein Geist ist grenzen- und wunschlos. Einem solchen Geist kann sich das Unermessliche einstellen.

Europa, 1956, Seite 22

Die Suche wird nur zu einer weiteren Möglichkeit, dem zu entfliehen, was du tatsächlich bist.

USA, 1966, Seite 44

Die wahre Revolution ist im Inneren und sie kommt nur, wenn der Geist nicht danach strebt. Was der Geist sucht und findet, ist niemals die letzte Antwort – gleichgültig wie vernünftig, rational oder intelligent sie auch sein mag. Denn der Geist wurde erschaffen, und alles, was das Erschaffene erschafft, kann auch wieder vergehen.

Europa, 1956, Seite 64

Suchen ist ein statischer Zustand, kein aktiver Zustand. Der tatsächliche Zustand ist der einer furchtbaren Einsamkeit und Leere, der ständigen Forderung, glücklich zu sein und eine Realität zu finden, die von Dauer ist. Suchen ist die Aktivität eines Geistes, der sich vor sich selbst fürchtet, vor dem, was ist. Ein Mensch, der im wahrsten Sinne des Wortes lebendig ist, ist vollkommen furchtlos, er ist sich selbst ein Licht. Daher hat er nicht das Bedürfnis zu suchen.

USA, 1966, Seite 44

Ein Geist, der voller Licht ist, sucht nicht. Nur der dumpfe, der verwirrte Geist ist immer auf der Suche und hofft immer, etwas zu finden. Was er dann findet, ist das, was aus seiner eigenen Verwirrung entstanden ist.

USA, 1966, Seite 86

Tod

Weil wir uns an das Angenehme klammern und das Unangenehme von uns schieben, verstärken wir den Wunsch nach Belohnung und fürchten den Tod. Lasst uns unsere materiellen Dinge aufgeben, ohne eine andere Art von Belohnung erhalten zu wollen. Nur dann kann es Unsterblichkeit geben. Nur dann steht das Leben nicht mehr im Gegensatz zum Tod und der Tod wird nicht länger seinen Schatten auf das Leben werfen.

Ojai, 1945 – 1946, Seite 35

Stirb in die Gesamtheit deiner Existenz hinein, nicht Stück für Stück, sondern total!

Kommentare über das Leben 3, Seite 106

In alles, was du gelernt hast, hineinzusterben heißt zu lernen. Dieses Sterben ist kein letzter Akt, es bedeutet von Augenblick zu Augenblick zu sterben.

Kommentare über das Leben 3, Seite 247

Der Mann, der die Robe eines Einsiedlers anzieht, sich einen Bart wachsen lässt, zum Tempel geht und vor dem Leben davonläuft, ist kein religiöser Mensch. Ein religiöser Mensch ist derjenige, der jeden Tag stirbt und jeden Tag wiedergeboren wird. Das heißt: Sein Geist ist jung, unschuldig, frisch. Lass dein Leiden sterben, lass deine Freude sterben, lass die Dinge sterben, die dir am meisten am Herzen liegen. Tue es und du wirst sehen, dass du dein Leben nicht verschwendet hast. Du wirst etwas Unglaubliches entdecken, etwas, das noch kein Mensch gesehen hat. Aber dies ist keine Belohnung. Es gibt keine Belohnung. Entweder stirbst du bereitwillig oder du stirbst unvermeidlich.

Indien, 1965, Seite 79

Der Tod ist nicht das Ende des Lebens. Der Tod ist kein Ereignis, das durch Krankheit, Altersschwäche, Senilität oder durch einen Unfall ausgelöst wird. Der Tod ist etwas, mit dem du jeden Tag lebst, weil du jeden Tag in das hineinstirbst, was du weißt.

Indien, 1965, Seite 92

Es gibt den Tod des physischen Organismus. Um herauszufinden, was jenseits dessen liegt, muss die ganze Psyche mit all ihren Tendenzen, Freuden, Ungereimtheiten und Erinnerungen jeden Tag vollständig, rückhaltlos und widerspruchslos sterben – einfach nur sterben.

USA, 1966, Seite 31

Der Tod ist eine Erneuerung, eine vollständige Verwandlung, bei der das Denken überhaupt nicht funktioniert, da Denken immer das Alte ist. Aber wenn der Tod kommt, dann ist etwas völlig Neues da.

Indien, 1966, Seite 103

Tradition

Wenn wir innerlich abhängig sind, dann hat uns die Tradition fest im Griff. Ein Geist, der im traditionellen Rahmen denkt, kann nichts Neues entdecken. Indem wir uns anpassen, werden wir zu bloßen Rädchen in einer grausamen sozialen Maschinerie. Wichtig ist, was wir denken, nicht was andere wollen, das wir denken sollen. Wenn wir uns der Tradition anpassen, werden wir schnell zu bloßen Kopien dessen, was wir sein sollen.

Erziehung und die Bedeutung des Lebens, Seite 57

Es ist unvermeidlich, dass Tradition den Geist verkrüppelt und abstumpft.

Europa, 1956, Seite 13

Meinungen und Traditionen formen unsere Gedanken und Gefühle von frühester Kindheit an. Die unmittelbaren Eindrücke und Einflüsse rufen dauerhafte und machtvolle Wirkungen hervor, die unser gesamtes bewusstes und unbewusstes Leben bestimmen.

Erziehung und die Bedeutung des Lebens, Seite 56

Transformation

Ist diese Transformation, diese radikale Umwandlung, etwas Endgültiges oder findet sie von einem Augenblick zum anderen statt? Ich weiß, dass wir möchten, dass Transformation etwas Endgültiges, ein Endziel, ist, weil es so viel leichter ist, an die ferne Zukunft zu denken. Irgendwann werden wir transformiert werden, irgendwann werden wir glücklich sein, irgendwann werden wir die Wahrheit entdecken, aber in der Zwischenzeit machen wir weiter wie bisher. Ganz gewiss ist ein solcher Geist, der immer nur an die Zukunft denkt, unfähig, in der Gegenwart zu handeln. Ein solcher Geist strebt nicht nach Transformation, er vermeidet es geradezu, transformiert zu werden.

Benares, 1949, Seite 40

Wenn du den Wunsch hast, transformiert zu werden, so denkst du nur immer noch in Begriffen des Werdens. Aber das, was wird, kann niemals das erfahren, was ist.

Benares, 1949, Seite 40

Transformation ist nicht in der Zukunft, sie kann niemals in der Zukunft stattfinden. Sie kann nur jetzt stattfinden, von einem Augenblick zum anderen.

Benares, 1949, Seite 40

Transformation kann nur vom Individuum erreicht werden. Alle großen Dinge werden von Individuen vollbracht und du kannst eine phänomenale, radikale Revolution vollbringen, indem du dich selbst verstehst. Ist dir schon einmal aufgefallen, dass es in der Geschichte immer Einzelne sind, die etwas bewirken, und nicht die Masse? Die Masse kann beeinflusst und benutzt werden, aber die wirklich radikalen Revolutionen finden immer nur im Leben des Einzelnen statt. Wo auch immer du leben magst, welcher gesellschaftlichen Schicht du auch angehören magst, wenn du dich selbst verstehst, wirst du eine Transformation in deinen Beziehungen zu anderen herbeiführen. Es ist wichtig, dem Leiden ein Ende zu bereiten, denn das Ende des Leidens ist der Beginn der Revolution, und diese Revolution verwandelt die Welt.

Indien, 1949 – 1950, Seite 5

Ideen verwandeln die Menschen nicht. Es ist die Freiheit von Ideen, welche die Transformation bewirkt.

Ceylon, 1949 – 1950, Seite 22

Eine radikale Transformation kann es nur geben, wenn wir unsere eigene Konditionierung verstehen und frei davon sind.

Erziehung und die Bedeutung des Lebens, Seite 27

Träume

Je größer das Gewahrsein der bewussten Schichten ist, desto mehr kommen die verborgenen Schichten an die Oberfläche. Wenn die bewussten Schichten verwirrt und gestört sind, dann können wir uns der tieferen Schichten des Bewusstseins nicht gewahr werden, außer in unseren Träumen.

Ojai, 1945 – 1946, Seite 52

Wenn du dir bewusst bist und alles urteilsfrei beobachtest, wenn du wahrnimmst, ohne zu interpretieren, dann wirst du selbst merken, dass du überhaupt nicht mehr träumst, weil du alles verstanden hast, noch während es passiert.

USA, 1966, Seite 87

Durch ständiges Gewahrsein hört der Träumer auf zu träumen, denn durch waches und passives Gewahrsein wird jede Bewegung der Gedanken-Gefühle der offenbaren und verborgenen Schichten des Bewusstseins verstanden. Aber wenn man unfähig ist, jeden Gedanken vollständig zu denken und zu fühlen, dann fängt man an zu träumen. Träume müssen gedeutet werden, und um sie zu deuten, ist eine freie und offene Intelligenz vonnöten. Stattdessen geht der Träumer aber zu einem Traumspezialisten und schafft sich so neue Probleme. Nur durch tiefe umfassende Bewusstheit kann es ein Ende des Träumens geben – und ein Ende der angstbesetzten Traumdeutung.

Ojai, 1945 – 1946, Seite 53

Es ist zur Mode geworden, das Unbewusste zu erforschen. Wären wir uns aber des gesamten Gebietes bewusst, gäbe es überhaupt keine Notwendigkeit für das Unbewusste und damit auch keine Notwendigkeit für Träume. Nur ein Geist, der sich nur eines bestimmten Teils des ganzen Bewusstseinsfeldes bewusst ist und nichts vom Rest weiß, fängt an zu träumen. Und dann kommt es zur Deutung der Träume und diesem ganzen Kram. Wenn wir uns den ganzen Tag über jedes Gedankens, jedes Gefühls, jedes Beweggrundes und jeder Reaktion bewusst wären, wenn wir den ganzen psychischen Prozess nur bewusst wahrnehmen, aber nicht interpretieren, verdammen oder rechtfertigen würden, dann würden wir erkennen, dass es überhaupt keine Notwendigkeit gibt zu träumen.

USA, 1966, Seite 28

Tugendhaftigkeit

Wir müssen uns der listigen, verschlagenen Methoden des Selbst bewusst werden. Wenn wir sie verstehen, entsteht Tugendhaftigkeit. Aber Tugendhaftigkeit kann kein Selbstzweck sein. Eigennutz kann niemals Tugendhaftigkeit hervorbringen, er kann aber unter der Maske der Tugendhaftigkeit sein Fortbestehen sichern. Unter dem Deckmäntelchen der Tugendhaftigkeit verbirgt sich immer noch die Aktivität des Selbst.

Ojai, 1945 – 1946, Seite 95

Tugend ist Freiheit, Ordnung. Ohne Ordnung und Freiheit kann es kein Erleben des Realen geben. In Tugendhaftigkeit ist Freiheit enthalten, nicht aber in dem Bemühen, tugendhaft zu werden.

Ojai, 1945 – 1946, Seite 113

Tugendhaftigkeit ist nicht die Ablehnung der Lasterhaftigkeit, sie ist ein Seinszustand, und das Sein kann niemals eine Idee sein. Der Mensch, der sich um Tugendhaftigkeit bemüht, ist nicht tugendhaft.

Benares, 1949, Seite 19

Umwandlung

Es scheint mir, dass es eine totale Veränderung geben muss, eine Revolution des Geistes und nicht eine Modifizierung des Bestehenden, eine vollkommene psychologische Umwandlung, damit der Geist völlig frei von den Fesseln der Zeit sein und über alle Denkstrukturen hinausgehen kann, aber nicht in irgendwelche metaphysischen Gefilde, sondern in eine zeitlose Dimension, in welcher der Geist nicht länger in seiner eigenen Struktur, in seinen eigenen Problemen gefangen ist.

USA, 1966, Seite 12

Ideen und Worte führen nie zu einer wirklichen Revolution, nie zu einer radikalen Umwandlung des Geistes.

USA, 1966, Seite 68

Jede Umwandlung findet augenblicklich statt.

Indien, 1966, Seite 23

Ohne die Einmischung der Vergangenheit zu sehen bedeutet, in völliger Stille zu schauen. Aus dieser Stille heraus entsteht eine Umwandlung, die nicht erdacht, nicht geplant und nicht konditioniert ist. Nur eine solche Umwandlung kann der Welt Ordnung bringen.

Indien, 1965, Seite 106

Unsterblichkeit

Unsterblichkeit

Unsterblichkeit kann nur dann erfahren werden, wenn das Denken aufhört, wenn durch Verstehen der Prozess des Denkens endet.

Ceylon, 1949 – 1950, Seite 19

Unzufriedenheit

Ein Mensch, der selbstzufrieden ist, den Geld, Status oder Ideen befriedigen, kann niemals die Wahrheit erkennen. Nur ein Mensch, der unzufrieden ist, der nachforscht, nachfragt und wirklich hinsieht, entdeckt die Wahrheit. Ein solcher Mensch ist wahrhaft eine Revolution – in sich selbst und in seinen Beziehungen.

Benares, 1949, Seite 6

Du kannst die Realität nicht suchen, sie muss zu dir kommen. Aber sie kann nur zu dir kommen, wenn der Geist vollkommen unzufrieden und bereit für sie ist.

Benares, 1949, Seite 7

Die Wahrheit kommt zu dem, der unzufrieden ist, aber keine Absicht verfolgt. Denn ein Mensch, der eine Absicht verfolgt, strebt nach Belohnung. Aber Belohnung und Befriedigung sind nicht die Wahrheit.

Benares, 1949, Seite 7

Der Geist, der vollkommen unzufrieden ist, kann in die Realität hineinspringen, aber der Geist, der zufrieden ist, der in seinem Glauben eingepfercht ist, kann dies nicht.

Benares, 1949, Seite 15

Dieser zeitlose Zustand kann sich nur dann einstellen, wenn eine gewaltige Unzufriedenheit herrscht, aber nicht die Art von Unzufriedenheit, die einen Weg gefunden hat, durch den sie befriedigt werden kann, sondern eine Unzufriedenheit, die keinen Ausweg mehr kennt, die nicht länger nach Befriedigung strebt. Nur dann, in diesem Zustand höchster Unzufriedenheit, kann sich die Realität einstellen.

Benares, 1949, Seite 40

Die Jungen – wenn sie überhaupt lebendig sind – sind voller Hoffnung und Unzufriedenheit. Das müssen sie sein, denn sonst wären sie bereits alt und tot. Die Alten sind die, die früher einmal unzufrieden waren, aber die Flamme der Unzufriedenheit erfolgreich zum Erlöschen gebracht und auf vielerlei Weise Sicherheit und Bequemlichkeit gefunden haben.

Erziehung und die Bedeutung des Lebens, Seite 41

Obwohl es nicht leicht ist, ist es doch etwas Wunderbares, unzufrieden zu sein, ohne die Flamme mit Wissen, Tradition, Hoffnung und Erfolg zu ersticken.

Kommentare über das Leben 2, Seite 151

Unzufriedenheit mag scheinbar Unordnung mit sich bringen, aber wenn sie – wie sie es sollte – zu Selbsterkenntnis und Selbstaufgabe führt, dann wird sie eine neue soziale Ordnung und immerwährenden Frieden erschaffen.

Erziehung und die Bedeutung des Lebens, Seite 42

Vergleiche

Indem wir etwas in einen Zusammenhang stellen, glauben wir es zu verstehen, aber kann wahres Verstehen denn aus Vergleichen und aus Beurteilen entstehen? Oder ist Verstehen das Ergebnis nicht vergleichenden Denkens? Wenn du etwas verstehen möchtest, vergleichst du es dann mit etwas anderem oder untersuchst du es um seiner selbst willen?

Ojai, 1945 – 1946, Seite 8

Habe keine Angst, dass du träge, selbstgefällig oder selbstzufrieden wirst, wenn du nicht mehr vergleichst. Sobald du die Unsinnigkeit des Vergleichens einmal erkannt hast, erlebst du eine große Freiheit. Dann wirst du dich nicht länger abmühen, etwas zu werden, sondern erlangst die Freiheit, wirklich zu verstehen.

Ojai, 1945 – 1946, Seite 8

Wenn du vergleichst und abwägst, dann bist du bloß dem Ehrgeiz und Konkurrenzdenken verhaftet. Dann ist dein Ziel ein Erfolg, in dem das Versagen schon enthalten ist. Jeder Vergleich beruht auf Autoritätsdenken, nach dem du dich selbst beurteilst. Aber Autorität verhindert Verstehen. Ein Vergleich mag das gewünschte Resultat hervorbringen, aber er steht wahrer Selbsterkenntnis immer im Weg.

Ojai, 1945 – 1946, Seite 16

Wenn wir etwas Neues hören oder erleben, ist es unsere instinktive Reaktion, dieses Neue mit dem Alten, mit einem früheren Erlebnis, mit einer verblassenden Erinnerung zu vergleichen. Da dieses Vergleichen der Vergangenheit neue Kraft gibt und die Gegenwart verzerrt, wird das Neue auf ewig das Alte, Tote.

Ojai, 1945 – 1946, Seite 72

Ohne Vergleiche zu leben erfordert große Intelligenz und Sensibilität, weil es dann keine Beispiele mehr gibt. Es gibt nichts, was sein sollte, keine Ideale und keine Helden. Wir beginnen mit dem, was tatsächlich ist. Um zu verstehen, was tatsächlich ist, brauchen wir keine Vergleiche. Wenn wir vergleichen, zerstören wir das, was ist.

USA, 1966, Seite 33

Verstehen

Experimentiere damit, dann wirst du selbst erkennen, dass du ein plötzliches Verstehen, eine außerordentlich schnelle Einsicht hast, wenn der Geist ganz still ist, wenn keine Gedanken da sind, wenn der Geist nicht durch seinen eigenen Krach belastet ist.

Benares, 1949, Seite 33

Rechtes Verstehen kommt plötzlich und unerwartet, wenn du einfach passiv bist. Nur wenn du still bist, kommt die Welle des Verstehens.

Indien, 1949 – 1950, Seite 19

Du verstehst nur, wenn dein ganzes Wesen begreift, das heißt, wenn du etwas nicht fragmentarisch betrachtest, entweder emotional oder intellektuell, sondern ganz.

Indien, 1966, Seite 8

Verstehen ist ein Zustand des totalen Begreifens: mit deinem ganzen Wesen, nervlich, emotional, intellektuell, gefühlsmäßig, mit allem, was du hast.

Indien, 1965, Seite 21

Verstehen kann sich nur dann einstellen, wenn direkte Wahrnehmung da ist und keine logische Schlussfolgerung.

USA, 1966, Seite 7

Verstehen findet nur statt, wenn du dich in einer großen Krise befindest und du keine Lösung mehr siehst. Dann wird dein Geist ganz still und in dieser Stille tritt das Verstehen ein. Das ist allen von uns schon einmal geschehen. Wenn du mit etwas konfrontiert wirst, für das es einfach keine Lösung gibt, versuchst du alles: Du fragst andere, du besprichst es, du forscht nach, du analysierst es und so weiter und trotzdem gibt es keine Lösung. Plötzlich, wenn du gar nicht mehr daran denkst, ist da Klarheit, Verstehen, weil der Geist in einem bestimmten Augenblick in Bezug auf das Problem ganz still geworden ist. Nur dann setzt das Verstehen ein.

USA, 1966, Seite 61

Du verstehst etwas nur dann wirklich, wenn du ganz still bist. Verstehen wird aus der Stille geboren, nicht aus dem Plappern deines Geistes.

Indien, 1966, Seite 112

Visionen

Du willst Visionen haben, und wenn du irgendeine Droge nimmst oder ausreichend durch eine bestimmte Religion konditioniert bist, dann wirst du auch Visionen haben. Ein Mensch, der ständig an Christus, Buddha oder wen auch immer denkt, wird früher oder später diese Erfahrungen und Visionen haben, aber diese entsprechen nicht der Wahrheit. Sie haben nichts, aber auch gar nichts mit der Realität zu tun. Sie sind lediglich selbst projizierte Phänomene; sie sind das Ergebnis deines Verlangens nach Erfahrungen. Deine eigene Konditionierung projiziert das, was du sehen willst.

Europa, 1956, Seite 88 – 89

Unsere Visionen sind das Ergebnis unserer Konditionierung – der religiösen wie der nicht religiösen.

Kommentare über das Leben 3, Seite 182

Vorstellungskraft

Die Vorstellungskraft hat keinen Platz in der Meditation. Sie muss vollkommen beiseite bleiben, denn ein Geist, der sich seiner Einbildungskraft bedient, kann nur Selbsttäuschungen hervorbringen. Der Geist muss klar und ohne Bewegung sein. Im Licht dieser Klarheit offenbart sich das Zeitlose.

Kommentare über das Leben 3, Seite 10

Wahl

Wenn du dir einen Anzug oder ein Kleid aussuchst, dann hast du die Wahl. Aber gibt es sonst überhaupt eine Wahl? Hast du die Wahl, wenn du etwas klar und deutlich siehst? Wenn du zum Beispiel den Nationalismus siehst, der überall auf der Welt tobt, wenn du siehst, was er bedeutet, was einfach dazugehört, all die Einschränkungen, der Streit, die Kämpfe, der Stolz und all diese hässlichen Dinge, die reines Gift sind, wenn du erkennst, dass Nationalismus Gift ist, dann existiert keine Wahlmöglichkeit. Wahl gibt es nur, solange Verwirrung herrscht. Wenn der Geist nicht verwirrt ist, dann existiert auch keine Wahl. Dann gibt es nur noch direkte Wahrnehmung.

USA, 1966, Seite 18

Wahrheit

Die Wahrheit kann weder erklärt noch beschrieben werden, sie ist einfach. Ich sage, dass es etwas Wunderbares gibt, das nicht in Worte gefasst werden kann. Würde ich es tun, wäre es zerstört, dann wäre es nicht länger die Wahrheit.

Adyar, 1933 – 1934, Seite 9

Wenn es uns ernst damit ist, werden wir die Wahrheit finden. Aber diese Ernsthaftigkeit darf nicht von irgendwelchen äußeren Bedingungen abhängig sein. Wir müssen unsere volle Aufmerksamkeit auf die Entdeckung der Wahrheit richten, und zwar nicht nur widerwillig ein paar Augenblicke lang, sondern ständig.

Ojai, 1945 – 1946, Seite 86

Solange wir die Wahrheit nicht entdecken, gibt es keinen Ausweg aus unseren Problemen und unserem Leiden. Die Lösung ist die direkte Erfahrung der Wahrheit in der Stille des Geistes, in der Ruhe vollkommener Aufmerksamkeit, in der Offenheit äußerster Empfindsamkeit.

Ojai, 1945 – 1946, Seite 100

Die Wahrheit ist nicht weit entfernt, sie ist ganz nah: unter jedem Blatt, in jedem Lächeln, in jeder Träne, in deinen eigenen Worten, Gefühlen und Gedanken. Aber sie ist von so viel Müll bedeckt, dass wir sie freilegen müssen, um sie zu sehen. Freilegen heißt entdecken, was falsch ist. In dem Augenblick, in dem du weißt, was falsch ist, fällt es weg, und die Wahrheit kommt zum Vorschein.

Benares, 1949, Seite 14

Wahrheit ist Wahrheit; sie ist eins, sie steht allein. Sie hat weder Seiten noch Wege. Kein Weg führt zur Wahrheit. Es gibt keinen Weg zur Wahrheit, sie muss zu dir kommen. Aber die Wahrheit kann nur zu dir kommen, wenn dein Geist und dein Herz einfach und klar sind und wenn in deinem Herzen Liebe wohnt, nicht, wenn dein Herz voll von den Dingen des Geistes ist. Wenn dein Herz voller Liebe ist, dann brauchst du nicht von Brüderlichkeit zu reden, du sprichst nicht über Glauben, du redest nicht über Trennung oder die Mächte, die Trennung erzeugen, du brauchst dich nicht um Versöhnung zu bemühen. Dann bist du einfach ein Mensch ohne Namen, ohne Land. Das heißt, du musst dich von all diesen Dingen lösen und der Wahrheit erlauben, in dein Leben zu treten. Sie kann nur dann kommen, wenn dein Geist leer ist, wenn der

Geist aufhört zu erschaffen. Dann kommt sie auch ohne deine Einladung. Dann wird sie so schnell wie der Wind und unerkannt kommen. Sie kommt im Geheimen, nicht, wenn du sie erwartest. Sie kommt plötzlich wie die Sonnenstrahlen, sie ist rein wie die Nacht, aber um sie zu empfangen, muss das Herz voll und der Geist leer sein. Jetzt ist dein Geist voll und dein Herz leer.

Benares, 1949, Seite 25

Die Wahrheit des Buddha ist nicht die Wahrheit, die du heute entdeckst. Die Wahrheit ist niemals gleich, sie hat keine Kontinuität. Sie existiert nur von Augenblick zu Augenblick, sie kann nicht in Erinnerung behalten werden. Wahrheit ist nur dann da, wenn der Geist vollkommen still ist. Die Wahrheit ist nichts, nach dem man streben, das man erfahren, behalten und anbeten könnte.

Indien, 1949 – 1950, Seite 56

Das, woran du dich erinnerst, gehört der Zeit an. Es ist ein Ding der Vergangenheit, aber Wahrheit kann weder der Vergangenheit noch der Zukunft angehören. Wahrheit kann es nur in der Gegenwart geben, in jenem Zustand, in dem es keine Zeit gibt.

Indien, 1949 – 1950, Seite 56

Wahrheit ist nichts weit Entferntes, es führen keine Wege zu ihr. Es gibt weder deinen Weg noch meinen

Weg. Es gibt keinen Weg der Hingabe, keinen Weg des Wissens oder des Handelns, weil zur Wahrheit nun einmal keine Wege führen. In dem Moment, in dem du einen Weg zur Wahrheit gefunden hast, teilst du sie, denn nur dieser Weg gilt. Und was am Anfang alles andere ausschließt, schließt auch am Ende alles andere aus. Der Mensch, der einem Weg folgt, kann niemals die Wahrheit erkennen, weil er sich der Ausschließlichkeit verschrieben hat. Seine Mittel schließen andere aus und die Mittel sind nicht vom Ziel getrennt. Wenn die Mittel andere Mittel ausschließen, dann schließt auch das Ziel andere Ziele aus.

Indien, 1949 – 1950, Seite 99

Du kannst eine Idee verbreiten, aber die Wahrheit kannst du nicht verbreiten. Ich weise auf die Wahrheit hin, es liegt bei dir, sie zu erkennen oder nicht.

Indien, 1949 – 1950, Seite 5

Die Wahrheit hat keine Kontinuität, sie hat keine Heimstatt, sie kann nur von Augenblick zu Augenblick erkannt werden. Die Wahrheit ist immer neu und daher zeitlos. Die Wahrheit von gestern ist nicht die Wahrheit von heute; was heute wahr ist, ist morgen nicht mehr wahr. Die Wahrheit hat keine Kontinuität. Der Geist will der Erfahrung, die er Wahrheit nennt, Kontinuität verleihen, aber ein solcher Geist wird die Wahrheit niemals erkennen. Wahrheit ist immer neu. Sie bedeutet, dasselbe Lächeln zu sehen und dieses Lächeln doch mit neuen Augen zu sehen, denselben Menschen zu sehen und diesen Menschen mit neuen

Augen zu sehen, die Palmblätter im Wind neu zu sehen, dem Leben immer neu zu begegnen. Wahrheit kann nicht durch Bücher, durch Hingabe oder Selbstaufopferung erlangt werden; wir erkennen sie, wenn der Geist frei und ruhig ist. Diese Freiheit, diese Stille des Geistes kommt nur, wenn der Geist seine Beziehungen versteht. Solange er seine Beziehungen nicht versteht, verursacht alles, was er tut, nur noch mehr Probleme. Aber wenn der Geist frei von all seinen Projektionen ist, tritt ein Zustand der Stille ein, in dem alle Probleme enden, und nur dann tritt das Zeitlose, das Ewige hervor. Dann ist Wahrheit keine Frage des Wissens mehr, dann ist sie nichts, woran man sich erinnern könnte, nichts, was wiederholt werden könnte, was gedruckt und verbreitet werden könnte. Wahrheit ist das, was ist. Sie ist namenlos, und deshalb kann sich der Geist ihr nicht nähern.

Indien, 1949 – 1950, Seite 100

Wahrheit ist nichts, was man erlangen könnte. Entweder wird sie erkannt oder sie wird nicht erkannt, aber sie kann nicht nach und nach wahrgenommen werden.

Kommentare über das Leben 1, Seite 125

Wahrheit ist immer neu, vollkommen unbekannt und unerkennbar. Der Geist muss zu ihr ohne Forderungen, ohne Wissen und ohne Wünsche kommen; er muss vollkommen leer und nackt sein. Nur dann geschieht die Wahrheit. Aber du kannst sie nicht herbeizwingen.

Europa, 1956, Seite 89

Wahrheit ist etwas Merkwürdiges: Je mehr du sie suchst, desto mehr entzieht sie sich dir. Es gibt kein Mittel sie einzufangen, mag es auch noch so subtil und listig sein. Du kannst sie nicht im Netz deines Geistes fangen. Erkenne dies und lasse alles los.

Kommentare über das Leben 3, Seite 63 – 64

Wahrheit ist nicht etwas Abstraktes oder etwas Endgültiges, Wahrheit lebt und erschafft sich unaufhörlich neu.

Indien, 1965, Seite 137

Die Idee, nach der Wahrheit zu suchen, ist völliger Unsinn! Weil nach etwas suchen beinhaltet, dass du versuchst zu finden, zu entdecken. Wie kannst du mit einem dumpfen und sich im Kreise drehenden Geist etwas finden, wonach man gar nicht suchen kann, etwas, das lebt, sich bewegt, immer völlig neu ist? Du kannst nicht danach suchen.

Indien, 1966, Seite 22

Wahrheit ist weder persönlich, noch hat sie irgendetwas mit irgendeiner Religion, Gruppierung oder einem Individuum zu tun. Sie kann weder in der Kirche noch in irgendeiner organisierten Religion gefunden werden.

Indien, 1966, Seite 115

Wahrnehmung

Du musst die Fähigkeit besitzen, die Wahrheit in der Spanne eines Augenblickes zu erkennen. Ich meine, dass diese Wahrnehmung den Geist augenblicklich von seiner Vergangenheit befreien wird.

Indien, 1956, Seite 65

Es scheint mir, als ob jeder von uns die wahre Bedeutung seines gesamten Denkens erfassen muss. Die Beschäftigung mit den Einzelheiten, mit den vielen miteinander in Konflikt stehenden Gedanken und Gefühlen, wird nicht zum Verständnis des Ganzen führen. Dafür ist die plötzliche Wahrnehmung der Totalität des Geistes erforderlich, die nicht daraus entsteht, dass man fragt, wie man sie sehen kann, sondern durch ständiges Hinschauen, Erforschen und Suchen.

Europa, 1956, Seite 65

Ein Geist, der wirklich die Fähigkeit der totalen Wahrnehmung erforscht, ist vollkommen demütig und vollkommen still. Diese Demut und diese Stille sind die Fähigkeit der totalen Wahrnehmung.

Kommentare über das Leben 3, Seite 127

Weisheit

Kein Meister, kein Lehrer, kein Guru, kein System und keine Form der Selbstdisziplin wird jemals für dich den Schleier heben, der die Weisheit verbirgt. Weisheit ist das Verstehen dauerhafter Werte und das Ausleben dieser Werte. Niemand kann dich zur Weisheit führen.

Adyar, 1933 – 1934, Seite 35

Weisheit kann nicht gekauft werden, denn sie ist natürlich, spontan, frei. Sie ist keine Ware, die du von deinem Guru oder Lehrer mit Disziplin erkaufen kannst. Weisheit, so sage ich, hat nichts mit Wissen zu tun.

Adyar, 1933 – 1934, Seite 54

Weisheit ist nicht gespeicherte Erinnerung, sondern die höchste Form der Offenheit gegenüber dem Realen.

Ojai, 1945 – 1946, Seite 75

Ein Mensch, der weiß, ist nicht weise. Der Mensch, der nichts weiß, ist weise.

Indien, 1949 – 1950, Seite 35

Weisheit tritt nur dann hervor, wenn das Denken aufhört. Das Denken kann aber nur dann aufhören, wenn der Prozess des Sammelns und Speicherns, die Identifikation von »ich« und »mein«, beendet wird. Solange der Geist innerhalb des Bereichs von »ich« und »mein« funktioniert – was nichts weiter als Reagieren ist –, kann es keine Weisheit geben. Weisheit ist ein Zustand von Spontaneität, der kein Zentrum hat, kein Wesen, das sammelt und speichert.

Indien, 1949 – 1950, Seite 91

Werden und Sein

Wenn der Geist nach einem Ergebnis strebt – und mag es auch noch so edel und wertvoll sein –, wenn er also mit dem Werden beschäftigt ist, hört er auf, weit und unendlich flexibel zu sein. Der Geist muss wie das Unbekannte sein, um das Unerkennbare zu empfangen.

Ojai, 1945 – 1946, Seite 52

Wir glauben, dass das Leben eine endlose Leiter ist, die wir zu immer größeren Höhen erklimmen. Unser Denken-Fühlen ist im horizontalen Prozess des Werdens gefangen. Der Werdende ist ständig dabei, zu sammeln, zu gewinnen, sich auszudehnen. Aber das Selbst, der Werdende, der Schöpfer der Zeit kann niemals das Zeitlose erfahren. Das Selbst, der Werdende, ist die Ursache allen Konfliktes und Leidens.

Ojai, 1945 – 1946, Seite 74

Du kannst nur sein, wenn du dich nicht mehr darum bemühst zu werden – im positiven wie im negativen

Sinne. Nur wenn sich der Werdende seiner selbst bewusst ist und versteht, dass jedes Werden bloß Kraftverschwendung und Gefangensein im Leid bedeutet, nur wenn er nicht länger seinen Willen benutzt, dann kann er still sein. Wenn sein Verlangen und sein Wille nachgelassen haben, dann kann sich der Frieden höchster Weisheit ausbreiten. Danach zu streben, nicht gierig zu werden, ist eines, ohne Gier zu sein, etwas anderes. Werden setzt immer einen Prozess voraus, Sein aber nicht. Um zu werden, braucht es Zeit, aber der Zustand des Seins ist kein Ergebnis, er ist nicht das Resultat von Erziehung, Disziplin oder Konditionierung. Man kann Lärm nicht in Stille verwandeln. Stille kann nur sein, wenn der Lärm aufhört.

Ojai, 1945 – 1946, Seite 74 – 75

Werden kann sich niemals in Sein verwandeln. Werden, die sich ausdehnende, aber einschränkende Aktivität des Selbst, muss aufhören, dann erst kann man sein. Dieses Sein kann man sich nicht vorstellen, man kann nicht darüber nachdenken. Der bloße Gedanke daran ist schon ein Hindernis. Das Einzige, was das Denken tun kann, ist, sich seines komplexen und subtilen Werdens, seiner eigenen erfindungsreichen Intelligenz und seines Willens bewusst zu sein.

Ojai, 1945 – 1946, Seite 116

Zeitloses Sein besteht nicht darin, Dinge anzusammeln, sondern jeden Tag und jede Minute zu sterben.

Kommentare über das Leben 2, Seite 159

Werden ist die Verewigung der Zeit und des Leidens. Im Werden ist Sein nicht enthalten. Sein ist immer in der Gegenwart und Sein ist die höchste Form der Transformation. Werden ist lediglich modifizierte Kontinuität und eine radikale Transformation kann es nur in der Gegenwart, im Sein, geben.

Kommentare über das Leben 1, Seite 11

Während des Schlafes und manchmal auch im Wachzustand, wenn das Werden vollständig aufgehört hat, wenn die Wirkung einer Ursache vollständig geendet hat, dann tritt das in Erscheinung, was jenseits der Zeit, jenseits von Ursache und Wirkung ist.

Kommentare über das Leben 1, Seite 40

Wille

Die Wahrheit allein macht frei, nicht irgendeine Willensanstrengung.

Ojai, 1945 – 1946, Seite 115

Was ist Wille? Ist nicht Wille eine Methode, den Geist zu konditionieren? In der Willensanstrengung stellt sich ein dominierendes Verlangen über alle anderen Verlangen, setzt sich ein Wunsch gegen andere Motivationen und Triebe durch. Da dieser Prozess unvermeidlich innere Gegenwehr erzeugt, leben wir ständig im Konflikt. Der Wille kann uns nicht helfen, den Geist zu befreien.

Europa, 1956, Seite 28

Stille des Geistes kann nicht durch eine Willensanstrengung erreicht werden. Stille tritt dann ein, wenn kein Wille mehr da ist.

Kommentare über das Leben 2, Seite 167

Wirklichkeit

Die innere Freiheit der schöpferischen Wirklichkeit ist kein Geschenk, sie muss entdeckt und erlebt werden. Sie ist nichts, was man besitzen oder für sich selbst behalten kann, um sich selbst zu glorifizieren. Wirklichkeit ist wie Stille ein Seinszustand, in dem es kein Werden gibt, in dem Vollkommenheit herrscht. Dieser kreative Zustand muss sich nicht äußerlich ausdrücken, er ist kein Talent, das danach verlangt, sich im Außen zu manifestieren.

Ojai, 1945 – 1946, Seite 18

Ist Wirklichkeit nicht immer das Ungeformte? Muss nicht der Geist aufhören zu erschaffen und sich auszudrücken, bevor er das Ungeformte erfahren kann?

Ojai, 1945 – 1946, Seite 26

Das Reale hat keine Ursache. Daher kann das Denken, das eine Ursache hat, es nicht erfahren.

Ojai, 1945 – 1946, Seite 113

Die Wirklichkeit muss erlebt werden, man kann über sie nicht spekulieren. Die Erfahrung der Wirklichkeit tritt nur dann ein, wenn das Geist-Herz aufhört, Erfahrungen zu speichern.

Ojai, 1945 – 1946, Seite 35

Du kannst die Wirklichkeit nicht herbeizwingen, sie muss zu dir kommen. Du kannst dich nicht für die Wirklichkeit entscheiden, sie muss sich für dich entscheiden.

Ojai, 1945 – 1946, Seite 38

Ein Geist, der hofft, durch die Wirklichkeit Sicherheit zu erlangen, erschafft nur Illusionen. Das Reale ist kein Zufluchtsort, es ist nicht der Lohn für rechtes Handeln, es ist kein Ziel, das erreicht werden könnte.

Ojai, 1945 – 1946, Seite 64

Da der Geist immer bestrebt ist, sich durch seine eigenen Schöpfungen auszudehnen, kann er die Wirklichkeit nicht erfahren. Wenn der Geist, das Instrument, unscharf ist, hat er auf der Suche nach Wahrheit nur wenig Wert. Er muss sich erst läutern, erst dann wird es möglich sein herauszufinden, ob es so etwas wie Wirklichkeit gibt.

Ojai, 1945 – 1946, Seite 88

Die Wirklichkeit kann weder ge- noch verkauft werden; sie kann nicht wiederholt oder in Büchern eingefangen werden. Sie muss Augenblick für Augenblick gefunden werden: in einem Lächeln, in einer Träne, unter einem welken Blatt, in ziellosen Gedanken, in der Fülle der Liebe.

Benares, 1949, Seite 40

Über Wirklichkeit kann man nicht sprechen; wenn man darüber spricht, ist es nicht mehr die Wirklichkeit.

Kommentare über das Leben 1, Seite 45

Die unermessliche Realität kann nicht durch eine Organisation, eine Kirche, ein Buch, einen Menschen oder einen Lehrer gefunden werden. Du musst sie selbst finden, was bedeutet, dass du vollkommen allein und unbeeinflusst sein musst.

Europa, 1956, Seite 76

Wissen

Strebe danach zu verstehen, nicht zu wissen, denn im Verstehen endet der dualistische Prozess von Wissendem und Gewusstem. Auf der Suche nach Wissen ist der Wissende immer dabei zu werden und befindet sich daher stets in Konflikt und Leid. Wer behauptet, er wisse, der weiß gar nichts.

Ojai, 1945 – 1946, Seite 72

Zu wissen heißt, ignorant zu sein. Nicht zu wissen ist der Beginn der Weisheit.

Kommentare über das Leben 1, Seite 210

Die Identifikation mit dem Wissen, das wir angesammelt haben, ist eine weitere Methode, das Selbst zu stärken, ist es nicht so? Durch Wissen kann das »Ich« sein Bemühen fortsetzen, etwas zu sein, und verlängert so sein Elend und sein Leiden.

Europa, 1956, Seite 75

Nur ein Geist, der fähig ist, im Zustand des Nichtwissens zu verweilen – und zwar nicht nur den Worten nach, sondern tatsächlich –, ist frei, die Wirklichkeit zu entdecken. Aber in diesem Zustand zu sein ist schwierig, denn wir schämen uns, unwissend zu sein, weil uns Wissen Macht und Bedeutung gibt – ein Zentrum, von dem aus das Ego agieren kann.

Europa, 1956, Seite 21

Worte

Je mehr du an etwas interessiert bist, je mehr du verstehen willst, desto einfacher, klarer und freier ist dein Geist. Dann erlöscht das Bedürfnis, Worte zu gebrauchen. Gedanken sind Worte, und es ist das Wort, das dir im Weg steht. Der Schleier der Worte – Erinnerung genannt – steht zwischen einer Herausforderung und der Reaktion darauf. Wenn das Wort auf die Herausforderung reagiert, bezeichnen wir das als Denktätigkeit.

Benares, 1949, Seite 33

Der Gedanke ist das Wort. Ohne Verbalisierung, ohne das Wort, existiert der Gedanke, so wie wir ihn kennen, nicht. Wenn du also erkennst, dass das Wort, die Verbalisierung, der Denkprozess ist, dann kann es nicht mehr darum gehen, die Gedanken zu kontrollieren, sondern das Denken als Verbalisierung zu beenden.

Benares, 1949, Seite 38

Warum kleiden wir unsere Reaktionen in Worte? Warum tun wir das? Aus einem offensichtlichen Grund: um zu kommunizieren, um anderen unsere Gefühle mitzuteilen. Also gebrauchen wir Worte, um unsere Gefühle zu verstärken, um das Gefühl, das bereits vorbei ist, einzufangen. Das Wort hat den Platz des Gefühls eingenommen, das vorbei ist. Folglich wird das Wort wichtig – nicht das Gefühl, nicht die Reaktion, nicht die Erfahrung. Das Wort hat den Platz des Erlebens eingenommen. Das Wort wird zum Gedanken, wodurch Erleben verhindert wird. Die Frage ist also folgende: Ist es möglich, keine Worte zu gebrauchen, nicht zu benennen, nicht in Begriffe zu fassen? Natürlich ist das möglich. Du tust es oft, aber nur unbewusst. Wenn du dich in einer Krise befindest, wenn du dich einer plötzlichen Herausforderung gegenübersiehst, findet keine Verbalisierung statt. Du stellst dich ihr ganz und gar.

Benares, 1949, Seite 38

Yoga

Yoga-Übungen sind vermutlich gut für den Körper. Jede Form der Körperertüchtigung – Gehen, Springen, Bergsteigen, Schwimmen oder was auch immer – befindet sich auf derselben Ebene. Aber anzunehmen, dass dich bestimmte Übungen zur Erlösung, zur Erkenntnis, zu Gott, zur Wahrheit oder zur Weisheit führen könnten, halte ich für bloßen Unsinn, auch wenn alle Yogis in Indien etwas anderes sagen. Wenn du einmal erkannt hast, dass hinter allem, was du übst, akzeptierst oder entwickelst, immer ein Element der Gier steckt – etwas bekommen wollen, etwas erreichen wollen, einen Rekord brechen wollen –, dann wirst du damit aufhören. Ein Geist, der sich nur mit dem »Wie«, mit Yoga-Übungen, mit diesem oder jenem beschäftigt, wird lediglich ein Gefühl von erreichter Leistung in der Zeit erlangen, und ein solcher Geist kann das, was zeitlos ist, niemals erkennen. Schließlich übst du Yoga doch nur aus, weil du etwas erreichen willst, etwas bekommen möchtest. Du hoffst Glück, Glückseligkeit oder was sonst so geboten wird zu erlangen. Glaubst du wirklich, Glückseligkeit könnte so leicht erlangt werden? Glaubst du wirklich, Glück ist etwas, das du erreichen könntest, indem du bestimmte Übungen machst oder deine Konzentrationsfähigkeit entwickelst? Muss nicht der Geist vollkommen frei von solchen selbstbezogenen Aktivitäten sein? Ein Mensch, der Yoga übt, um Erleuchtung zu erlangen, ist nur mit sich selbst beschäftigt, ist nur an seinem eigenen Wachstum interessiert, ist erfüllt von seiner eigenen Wichtigkeit.

Europa, 1956, Seite 88

Zeit

Die Gegenwart ist von größter Bedeutung, denn die Gegenwart – mag sie auch tragisch und schmerzhaft sein – ist das einzige Tor zur Realität. Die Zukunft ist die Fortführung der Vergangenheit durch die Gegenwart. Durch rechtes Verständnis wird die Gegenwart zur transformierten Zukunft. Die Gegenwart ist die einzige Zeit, in der Verstehen stattfinden kann, denn sie dehnt sich ins Gestern und ins Morgen aus. Die Gegenwart ist alle Zeit; in der Gegenwart ist der Keim von Vergangenheit und Zukunft enthalten. Vergangenheit ist Gegenwart, Zukunft ist Gegenwart. Die Gegenwart ist ewig und zeitlos.

Ojai, 1945 – 1946, Seite 31

Hast du schon einmal in Augenblicken größter Ekstase erlebt, dass die Zeit aufhört zu existieren? Dann existiert keine Vergangenheit und keine Zukunft mehr, es gibt nur noch ein intensives Erleben der zeitlosen Gegenwart. Aber wenn du einen solchen Zustand einmal erlebt hast, dann regt sich die Gier und erschafft wieder die Zeit: Sie erinnert sich, belebt die Vergangenheit wieder, hofft in der Zukunft auf eine Wiederholung, restrukturiert die Zeit, um das Zeitlose einzufangen. So zwingt die Gier, das Werden, das Gedanken-Gefühl in die Fesseln der Zeit hinein.

Ojai, 1945 – 1946, Seite 31

In der Zeit kann das Zeitlose nicht erkannt werden.

Ojai, 1945 – 1946, Seite 43

Lasst uns zeitlos in der Zeit leben.

Ojai, 1945 – 1946, Seite 60

Das Jetzt hat größere Bedeutung als das Morgen. Im Jetzt ist alle Zeit enthalten. Das Jetzt zu verstehen heißt, frei von Zeit zu sein.

Kommentare über das Leben 1, Seite 11

Im Gehirn sind alle Herausforderungen und Reaktionen als Erfahrungen gespeichert, und auf der Basis dieser gespeicherten Erfahrungen handeln, denken, fühlen und funktionieren wir: Das ist Zeit.

USA, 1966, Seite 30

Zufriedenheit

Mit wenig zufrieden zu sein, ist nur möglich, wenn wir unsere psychologischen Probleme verstehen, und nicht durch Vorschriften oder die willentliche Anstrengung, nur das Nötigste besitzen zu wollen. Wir müssen auf intelligente Weise diejenigen psychologischen Sehnsüchte eliminieren, die ihre Befriedigung in Dingen, im Status- oder Leistungsdenken finden. Wenn wir nicht nach Macht und Herrschaft streben, wenn wir uns nicht über andere erheben, dann wird es Frieden geben, aber solange wir Dinge, Beziehungen oder Ideen als Mittel benutzen, um unser ständig wachsendes psychologisches Verlangen zu befriedigen, solange wird es Konkurrenz und Elend geben.

Ojai, 1945 – 1946, Seite 49

Zufriedenheit und Unzufriedenheit sind wie die zwei Seiten einer Medaille. Um frei zu sein von der Pein der Unzufriedenheit, muss der Geist aufhören, nach Zufriedenheit zu streben.

Kommentare über das Leben 3, Seite 76

Ein Geist, der wird, kann niemals das große Glück der Zufriedenheit kennen. Damit meine ich nicht die Zufriedenheit satter Selbstgefälligkeit und auch nicht die Zufriedenheit, etwas Besonderes geleistet zu haben, sondern die Zufriedenheit, die sich einstellt, wenn der Geist das Wahre in dem sieht, was ist, und das Falsche in dem, was ist.

Benares, 1949, Seite 40

Zufriedenheit – womit nicht das Gegenteil von Unzufriedenheit gemeint ist – ist jener Zustand, in dem das Verstehen dessen, was ist, eintritt. Das Verstehen dessen, was ist, ist keine Frage der Zeit, es hat nichts mit der Bewegung der Vergangenheit in die Zukunft zu tun. Der Geist kann nur dann frei sein, wenn er einfach und klar ist. Einzig ein solcher Geist kann zufrieden sein.

Ceylon, 1949 – 1950, Seite 53

Zuhören

Wir hören entweder mit Vergnügen oder mit Abneigung zu. Wir vergleichen das Gehörte mit unseren Ideen oder anerzogenen Philosophien. Wir hören durch all diese Filter, wir interpretieren und übersetzen, wir verwerfen das, was uns nicht gefällt, und nehmen an, was uns zusagt, und so hören wir niemals wirklich zu.

USA, 1966, Seite 27

Zweifel

Zweifel bringt dauerhaftes Verstehen, aber Zweifel darf kein Selbstzweck sein. Was wahr ist, wird nur dadurch enthüllt, dass wir zweifeln, dass wir die vielen Illusionen, traditionellen Werte und Ideale infrage stellen.

Adyar, 1933 – 1934, Seite 29

Wenn du zweifelst, das heißt, wenn du dich wirklich danach sehnst, etwas herauszufinden, musst du die Dinge loslassen, die dir so teuer sind. Es kann kein wahrhaftes Verstehen geben, solange du an dem festhältst, was du hast. Du kannst nicht sagen: »Ich werde dieses Vorurteil aufrechterhalten, diesen Glauben behalten, dieses Ritual weiter ausführen und gleichzeitig werde ich untersuchen, was du zu sagen hast.« Wie sollte das gehen? Eine solche Einstellung ist nicht eine des Zweifelns, des intelligenten Infragestellens.

Adyar, 1933 – 1934, Seite 30

Um zu verstehen, musst du zunächst einmal zweifeln. Du musst nicht nur das infrage stellen, was ich sage, sondern vor allem deine eigenen Ideen. Aber ihr habt ein Schimpfwort aus dem Zweifel gemacht, eine Fessel, etwas Böses, gegen das ihr glaubt, euch wehren zu müssen; ihr habt aus dem Zweifel ein Schreckgespenst, eine Krankheit gemacht. Aber für mich ist Zweifel nichts davon. Zweifel ist die Medizin, die Heilung bringt.

Adyar, 1933 – 1934, Seite 80

Ihr zweifelt an, was jemand anderes sagt. Es ist leicht, jemand anderen anzuzweifeln. Aber das anzuzweifeln, in dem ihr selbst feststeckt, das ihr schätzt, das, wonach ihr sucht und wonach ihr strebt, das ist weitaus schwieriger.

Adyar, 1933 – 1934, Seite 80

Zum Schluss: Du bist die Welt

Können wir ohne Gier inmitten der Gierigen leben und mit wenig zufrieden sein? Können wir inmitten der Ungesunden gesund sein? Die Welt ist nicht von uns getrennt, denn wir sind die Welt, wir haben sie zu dem gemacht, was sie ist. Wegen uns ist sie so materialistisch geworden, und wenn wir sie hinter uns lassen wollen, müssen wir unseren Materialismus aufgeben. Nur dann können wir in der Welt leben, aber nicht von der Welt sein.

Ojai, 1945 – 1946, Seite 23

Die Gesellschaft ist der äußere Ausdruck des Menschen. Der Konflikt zwischen Mensch und Gesellschaft ist der Konflikt im Menschen selbst. Dieser Konflikt – im Innen wie im Außen – wird so lange existieren, bis die höchste Intelligenz erweckt ist.

Kommentare über das Leben 1, Seite 51

Du bist die Welt; du bist der Nachbar, der Freund, der so genannte Feind. Wenn du die Welt verstehen willst, dann musst du zunächst einmal dich selbst verstehen, denn in dir liegt die Basis allen Verstehens. In dir sind Anfang und Ende.

Ojai, 1945 – 1946, Seite 26

Dank

Ich bin Herrn D. Rajagopal und der K & R Foundation dafür zu Dank verpflichtet, dass sie mir die Erlaubnis gaben, aus den vor 1968 publizierten Büchern zu zitieren. Abgesehen von anderen wichtigen Büchern, deren Herausgeber Herr Rajagopal war, erwies er uns allen einen großen Dienst, als er »Die erste und die letzte Freiheit« veröffentlichte. Menschen überall auf der Welt wurden durch dieses Werk auf die Lehren Krishnamurtis aufmerksam. Ich bin mir sicher, dass auch *Das ABC von Glück und Weisheit* dazu beitragen wird, die Lehren noch weiter zu verbreiten.

Ich bin Sri Sudhakar S. Dikshit von Chetana besonders dankbar dafür, dass er mich darum bat, das vorliegende Werk zusammenzustellen. Sein Vorschlag wurde von mir freudigen Herzens aufgenommen und ausgeführt, besonders da Chetana seit den 1950er-Jahren so viel getan hat, um die Botschaft Krishnajis zu verbreiten.

Quellen

Wortgetreue Protokolle der Reden und Antworten auf Fragen, Adyar, Indien, 1933 – 1934
Protokolle der Reden und Antworten auf Fragen, New York City, 1935
Authentische Protokolle der 16 Reden in Oak Grove, Ojai, 1945 – 1946
Reden in Benares, Indien, 1949 (Wortgetreue Protokolle)
Reden in Indien, 1949 – 1950 (Wortgetreue Protokolle)
Reden in Ceylon, 1949 – 1950 (Wortgetreue Protokolle)
Education and the Significance of Life (Erziehung und die Bedeutung des Lebens), 1953
Reden in Europa, 1956 (Wortgetreue Protokolle)
Commentaries on Living (Kommentare über das Leben), Erster Band, 1956
Commentaries on Living (Kommentare über das Leben), Zweiter Band, 1959
Commentaries on Living (Kommentare über das Leben), Dritter Band, 1961
Reden in Indien, 1965 (Authentische Protokolle)
Reden in Indien, 1966 (Authentische Protokolle)
Reden in den USA, 1966 (Authentische Protokolle)